JN439170

물길 따라
산길 따라

안명영 수필집

교음사

또 하나의 삶을 시작하며…

물이 산을 적시더니 능선에서 갈라져 골짜기로 내려 시냇물이 되고 강이 되어 바다로 흘러간다.

산 넘고 물 건너 마을에는 사람이 산다. 어제와 지금의 삶도 이야기가 되고 다가오는 시간에는 전설로 될 것이다.

길 따라 가다가 멈춰지는 곳이 있어 보고 느낌을 그려 내어 보았다. 못 다한 이야기가 누군가의 또 다른 느낌이 되기를 기대해 본다.

2017. 9.

저자 **안명영**

안명영 수필집

1부 섬진강 그리고 옥산

2부 자굴산과 기강

3부 황강과 부소산

4부 남강과 비봉산

5부 바다 건너

1부

섬진강 그리고 옥산

월선아지매

고향아줌마는 어떤 사람인가. 동네 내력을 알고 나의 어린 모습을 기억하며 구수한 사투리로 이야기 벗이 되는 멀리도 가까이도 아닌 여인이리라.

요즘에 고향아줌마 같은 사람을 만나기는 쉽지 않다. 고향을 잊고 사는 사람이 많아 낱말의 색깔이 달빛에 바래지는 세상이거나 이익을 앞세워 감성이 메말라 정이 고이지 않음이런가. 고향아줌마는 정에 울고 웃으며 항상 남을 배려하여 손해를 보는 듯하며 인정의 향기를 멀리 퍼지게 하는 여인이 아닌가.

하동의 고향아줌마는 누구인가. 소설 《토지》의 월선아지매 닮은 여인이 아닐까. 그녀는 한 남자를 평생 마음에 두고 따르며, 그의 아들을 낳지 못하였지만 친자식 이상으로 키우는 스펀지 같은 마음을 가졌다. 소설 《토지》에서 월선아지매를 알아보자.

용이 일행은 장터에서 빠져나와 삼거리 주막으로 들어간다.

"참판댁 마님께서는 안녕하시오?"

여자의 눈은 용이 어깨너머 만 리나 먼 곳을 바라보는 것 같았다. 푸르스름한 눈동자는 어쩌면 노란 빛깔로 변하기도 했다. 용이는 짚세기를 벗으며 "여전 하시구마"하고 대꾸한다. 월선이는 눈길을 걷고 술판에 행주질을 한다. 내리깐 눈이 조는 듯 보였다.

월선아지매는 아낌없이 나누며 부족함을 모르고 살아간다. 홍이가 낳아준 임이네로 하여 힘들 때마다 나타나 따뜻하게 대해 주고 이끌어 준다. 그러다 간도에서 사랑하는 용이 품에 안겨 숨을 거둔다.

홍이는 스물아홉 살 되는 해 정초 평사리 용이의 무덤을 찾았다. 냉기에 무릎이 시린 것도 잊고 생각에 빠진다. 사랑하고, 거짓 없이 사랑하고 자신의 존엄성을 허물지 않았던 아버지 용이의 진면목을 이해하게 된다. 잠시 정신이 몽롱해지고 월선 어미를 보게 된다.

"홍아"

"네! 어디 있어요?"

홍이 미친 듯이 다시 사방을 둘러본다. 파란 이끼 낀 바위 뒤에 월선이가 서있었다. 흰 옥양목 치마에 옥색 명주저고리를 입고 서 있었다.

"니 본지 참 오래고나."

"이자는 나무 아아들 책보 뺏아서 강물에 던지는 그런 짓은 안 하겄제?"

"으으..."

하동은 섬진강이 있어 풍요롭다. 섬진강 굽이굽이 마을이 있고 들판이 있다. 마을마다 길로써 인정을 연결하고 물은 들판을 적셔 풍년을 주고 있다.

계절 따라 섬진강은 산과 들의 경치를 담는 화선지가 되고 물빛은 한낮에는 푸르스름하고 석양에 노랗게 변하는 것이 월선아지매의 눈동자를 닮는다. 삼진강은 월선아지매의 따뜻한 마음이 흐르는 강이다.

월선아지매 주막터

작가는 생각을 그린다. 대상은 무궁무진하다. 독자는 작가의 그림을 받아 색을 칠하고 지붕이나 담장을 장식하기도 한다. 독자들의 여망이 모여 마을이 되기도 하는데 그 대표가 평사리문학관이 될 수도 있다.

최치수가 서성거렸을 최참판댁 사랑채의 높은 마루에 올라 둘러보니 악양 들판은 노란색 물감을 들어부었다. 하나는 외로워 두 그루 소나무는 다투듯 푸른빛을 풍겨 천년을 함께 할 듯하다. 부부송 앞에 드넓게 물이 고여 동정호이고 왕나무 사이로 반쯤 가려진 누각은 악양루가 틀림없다. 오른쪽으로 시선을 옮기면 물안개를 밀어 올리며 모래밭을 헤집고 흘러내리는 섬진강 물줄기는 여유롭기만 하다.

박경리는 1969년 현대문학 9월호에 《토지》를 연재하기 시작하여 25년에 걸쳐 500명 이상의 등장인물에게 옷을 입히고 개성을 살리며 희로애락을 불어넣었다.

소설 《토지》 속에는 애절한 사랑 이야기도 담고 있다. 용이와 월선이는 평사리에서 자랐고 좋아하는 사이였다. 그러나 두 사람은 가슴에 사랑을 안은 채 헤어지고 십년이 지나, 월선은 읍내 장터 근방에 주막을 열고 용이를 볼까 매일 나루터를 거닌다.

> 아침부터 월선이는 나루터에 나가서 서성거렸다. 나룻배가 들어오는 것을 보자 그는 무더기로 쌓아 올려놓은 방천가 나뭇단 뒤에 몸을 숨겼다. 숨어서 용이가 영팔이와 함께 장터를 향해 가는 것을 보았다.
>
> – (《토지》 제1부 제4편 「버선등에 기는 햇살」)

> 서편 울타리 그림자는 차츰 넓어지고 있었으나 백토로 다듬어진 뜰에 엷은 햇빛은 아직 많이 남아 있었다. 장터하고 상당한 거리가 있었고 또 그곳의 시끄러운 소리가 들려오는 것도 아니었지만 한 달에 세 번씩 서는 장날이면 노상 설레어지는 것은 용이를 기다리는 월선이었다.
>
> – (《토지》 제1부 제4편 「뜬 구름 같은 행복」)

소설 《토지》의 월선아지매 주막은 지금 어디쯤일까. 소설의 시대적 배경은 1908년대이다. 하동 읍기의 변동을 보면, 영조 21년(1745)년 4월 20일 부사 전천상이 진답면 항촌 구학당, 1937년 4월 1일 현재 하동읍사무소, 1938년 10월 1일 하동면에서 하동읍으로 승격, 항촌을 읍내리로 개칭하였다. 따라서 1900년대의 읍기는 진답면 항촌이 된다. 주막은 사람이 모여드는 곳으로 지금의 두곡마을 앞 섬진강 물줄기가 직선으로 흘러드는 포구 근처로 추정된다.

그러나 작가가 소설을 구상하던 1960년대이다. 당시의 읍기는 하동 읍사무소이다. 읍내 근처 삼거리에 나루터가 있는 지역이다. 지금은 직선화된 둑으로 포구의 모양을 볼 수 없지만 동해량을 지나 삼거리 지점의 서해량마을 근처로 추정된다. 또 한 달에 장이 세 번 열리던 시대를 참고해도 될 것이다.

소설 《토지》는 섬진강을 널리 알리며 하동 사투리를 맛깔나게 소개하고 있다. 소설 속의 주막을 재현하면 멋있는 만남의 장소가 되지 않겠나.

두치장터

만물이 세월 따라 변하는 것은 자연 현상이다. 변한다는 것은 위치가 이동한다든지, 크기가 달라는 지는 것이 아닐까. 그렇다면 그 변화는 어디에 기인하는 것인가, 그것은 힘이다. 내부 또는 외부의 힘이다.

물은 산을 깎아 모양을 바꾸고 둑을 넘어 들을 휩쓴다. 이는 물은 직선으로 흐르는 성질이며, 물에 의한 힘의 세기는 강바닥의 경사가 클수록 물의 양에 비례한다. 물의 성질과 크기를 알고 치수를 하면 홍수 피해를 예방할 수 있고 적절하게 이용하게 된다.

옛 지명을 찾는 것은 변화에 관련되는 요인을 밝혀 오늘을 살아가는 지혜를 얻고자 하는 것이리라. 세월 속으로 사라지는 지명이 많다. 예전에 하동에 초하루 화개장, 초이틀 두치장, 초사흘 진교 및 횡포장, 초닷새 주교장, 초나흘 개치원장이 섰다고 하는데 두치장이 형성

되었던 곳은 지금의 어디일까?

조선말 보부상의 애환을 다룬 『객주』에서,

진주를 떠나 하동에 닿자면 그 경계까지가 70리, 객사에서 5리 상거인 頭置場(두치장)터에 당도하자면, 진주 주막거리에서도 백리가 되는 길. 그들은 도선목 휘장을 친 팥죽집에서 대강 허기를 끈 다음 두치장터를 떠났다. 시오리 남짓한 하동 부중을 지나서 횡천강을 건넜다. 그 강을 건너면 정안성이 바로 올려다보였다.

『史書(사서) 속의 河東(하동), 2009』에서,

豆置場(두치장)은 부의 서쪽 오리에 있으며 매월 2일, 7일에 장을 열다가 계사년에 백성들의 원에 따라 2일장은 부의 안으로 옮기고 7일장은 옛터에 두었다가, 정해년에 민원에 따라 셋으로 나누어 초순에는 읍 밑으로 들어갔으나 지금은 파장이 되었다.

위 자료에 의하면 두치장은 부에서 5리 근방에 섰다는 점은 동일하다. 여러 가지 이유로 부의 위치는 이동이 되었을 것으로 보여 진다. 조선시대 말의 하동부의 위치를 추정해 볼 수 있는 근거로 '진주에서 100리 지점, 부의 크기는 십 오리'라고 한다. 이 위치만 고증되면 두치장터는 확인 될 것으로 보여 진다.

상권의 형성을 통하여 시대적 특성을 읽을 수 있다. 물산의 이동은 수요자 요구에 근거한다. 시장은 공급과 수요가 만나는 것으로 장소의 이동은 사회의 변화를 나타내고 있다. 하동의 지리적 여건으로 물자가 배를 통하여 출입되어 자연스럽게 배의 출입처를 중심으로 장이 형성되었을 것이다. 두치장은 주민의 요구로 장의 성립이 부 내외로 되었다가 3회로 확장되고 결국 파장이 되었다. 파장의 원인이 상설시장의 개설에 의한 것인지 상권의 이동에 의한 것인지 궁금하다.

頭置場(두치장) 또는 豆置場(두치장)으로 표기되고 있다. 같은 장소의 지명인지 규명되어야 하겠다.

두치장터를 찾아 시장의 형성 과정 및 『객주』의 두치장의 장면 묘사 등을 내용으로 하는 안내판을 설치하였으면 좋겠다. 문학기행으로 두치장을 찾은 이에게 큰 감동을 줄 것으로 기대되며 하동을 마음의 고향으로 뿌리 내리게 하여, 세월에 의해 사라져 가는 지명을 되살리는 것은 우리의 삶을 여유롭게 하는 원소가 될 수 있다.

하동공원

10시경 대경아파트를 지나 갈마산 모퉁이를 도니 섬진강이 펼쳐진다. 잠시 후 하동공원 안내판을 보고 경사진 길을 오른다. 덮개가 있는 우물이 있고 옆에 천년은 당당하게 살아 갈 듯 팽나무가 우람한 몸통을 보이고 있다. '천당수'라 하면 제격이겠다.

전망대에 오르자 송림과 너뱅이들이 보이고 저 멀리 금오산, 새로 설치된 레일, 역사의 뒤안길로 사라질 철교, 목도에서 시작하여 건너편 둑까지 섬진강 위로 반원형의 다리를 걸쳐두고 개통을 기다리는 2호선 국도가 보인다. 뒤를 돌아보니 구례에서 보다 더 멀리서 흘러오는 섬진강이 S자의 자태를 뽐내고 있다.

섬진교 위로는 강폭이 넓어 호수로 보아야겠다. 이름 하여 섬호라고 하지 않는가. 강물은 모래와 흙을 담고 흘러오다가 내려놓아 섬을 만들었다. 그 섬에서 무등암 아래까지 부유물로 띠를 이루고 스티로

섬진강 위로 구 철교, 신 철교, 개통을 기다리는 국도 2호선 다리

폼 상자가 올라가고 있다. 공원을 내려 올 때는 부유물의 흔적이 없다. 바닷물과 섬진강물의 절묘한 만남을 보여주고 있다. 여전히 바닷물은 올라왔다 내려갔다 하고 섬진강은 바닷물을 품기를 반복하고 있는 증거다.

다원정을 지나 최근에 이전한 듯 2개의 비석이 있다. 하나는 기단에 故總警 金點俊 外 一四二 柱(고 총경 금점준 외일사이 주)로 새기고 비신 전면에 忠魂塔(충혼탑)으로 되었다. 옆 비석 기단에는 建立者 西南地區戰鬪警察隊司令官 河東警察署長 郭斗金(건립자 서남지구전투경찰대사령관 하동경찰서장 곽두금)으로 새기고 비신 전면에 한청기동대 戰功忠魂塔(전공충혼탑)이다. 비신 뒷면에는 촘촘히 내용을 적었는데 글자는 작고 이끼에 가려 판독하기 어렵다. 학생이나 외지 사람들이 알기 쉽게 요약하여 한글 안내판을 세우면 좋겠다.

괭이 세 자루를 세운 듯 하얀 조형물을 볼 수 있다. 2014년 6월 6일 건립한 충혼탑이다. '언제나 높은 곳에서 아래로 굽어보며 우리 하동이 세상에서 가장 살기 좋은 곳이라 칭송받는 고장이 되도록 축복해줄 충혼탑'이라고 경상대 한상덕 교수는 글을 지었다.

능선 따라 시의 언덕이다. 안내판에 차례로 최치원 入山詩(입산시), 안희재 蟾江春酌(섬강춘장), 이인로 蟾津江落照(섬진강낙조), 남대우 보슬비, 정여창 入山詩(입산사) 등이다. 특별히 관심이 가는 것은 제목이 같은 최치원과 정여창의 입산시를 비교해 보는 것이다.

최치원 시비는 대리석으로 세 개의 산봉우리를 다듬고, 양쪽은 구름이 흘러가는 형상으로 전체적으로 山의 형상을 이루고 있다. 가운데 바위산에 「入山詩(입산시)」를 새겼다.

僧乎莫道青山好　스님아 산이 좋다 말하지 말라
山好何事更出山　산이 좋을 진대 어찌 산을 나서는가
試看他日吾踪跡　훗날 내 자취 두고 보시오
一入青山更不還　한번 청산에 들어가면 다시 나오지 않으리니

섬호정 앞에서 정여창 선생의 시비를 발견했다. 그런데 제목은 入山詩(입산시)가 아니라 「蟾津江(섬진강)」이다. 일두 선생은 두류산을 아껴 처자를 데리고 화개 덕은동에 들어왔다. 악양정을 짓고 학문을 벗하며 제자를 가르치다가 성종의 부름을 받아 상경하기 위하여 배를 타고 섬

진강을 내려가면서 지은 시이다. 제목을 「화개」라고 제안해 본다.

風蒲泛泛弄輕柔 솔바람 부드러이 갯버들을 흔들고
四月花開麥已秋 늦은 봄 화개골은 보리 익어 가을 같구나
看盡頭流千萬疊 지리산 천만 봉을 두루두루 구경하고
孤舟又下大江流 조각배에 몸을 싣고 큰 강 따라 흘러가네

올 봄에는 하동포구 80리를 걷고 싶다. 아주 천천히 몇 날 몇 밤에 걸쳐서, 달빛 아래면 더욱 좋겠구나.

山은 산으로

기축년 2월 중순 일요일, 악양면 중기부락 큰청학이골에서 하차, 계곡을 따라 올라 움직이지 않는 날개를 달고 푸른 하늘로 날아오르는 활공장, 성제봉, 성제봉철쭉제단을 지나 신선대 출렁다리를 건너고 신선봉을 넘고 평사리로 이어지는 여정으로 산행을 한다고 산행대장이 설명한다.

큰청학이골 입구 공터에서 가볍게 몸을 풀고 화창한 봄기운으로 무거운 파카를 배낭 속에 마무리하고 계곡을 진입하여 검은 케이블 선을 따라 올라갔다.

“이게 전기선인가?”

“고로쇠 수액을 산 아래로 흘러 보내는 호스이다.”

“아, 고로쇠 수액 채취도 산업화 되었구나!”

산과 들에 산업폐기물이 널렸는데…!

계곡물이 끝나고 산죽 사이로 한참 올라 고개를 들어 보니 임도가 나타났다. 저 멀리 바람을 볼 수 있는 게양대 아래가 활공장이구나. 정상의 허리쯤에 왔는데 갑자기 날씨가 흐려지더니 바람이 세차게 불고 눈발이 날린다. 임도를 끼고 능선을 길 삼아 활공장으로 오르는데 요소요소에 하동군에서 제작한 안내판이 보였다. 등산객에게 하동의 앞선 이미지를 심어주기에 충분하다. 능선이라는 지형의 특성을 고려하여 특수 제작 및 지속적인 관리가 필요하겠다.

활공장 바로 아래에서 시산제를 올렸다. 점심을 먹고 주변의 쓰레기를 주웠는데 세워져 있는 페트병이 있어 주워들자 출렁거렸다. 내용물을 버리려 입구를 아래로 하니 솜 같은 물체가 막아 세차게 흔들자 걸레처럼 풀린 개구리 사체가 떨어지고 썩은 액체가 쏟아졌다. 페트병 속에 빗물이 고이자 그 속에서 개구리가 서식하다 덩치가 커져서 나오지 못하여 죽었다.

사용한 페트병은 되 가져 오든지 버려도 뚜껑을 닫고 입구를 아래로 하였다면 적어도 개구리는 병 속에 들어가지 않았을 것인데 산이 좋아 산을 찾았으면 산으로 보전하여야 할 것인데.

높은 봉우리에 도달했다. 표석은 보이지 않고 '성제봉 철쭉, 하동의 절경, 철쭉 군락지에서 매년 5월 악양산우회 주관으로 철쭉제가 열리고 있다'라는 안내판이 있다.

인근 봉우리로 향했다. 정상에 聖帝峰(성제봉) 1,155m이라는 표석이다. 바람이 세차고 눈발이 제법 굵어졌다. 파카를 내어 입어도 견딜 수 없구나, 흐리고 안개가 끼어 지리산 절경을 볼 수 없어 유감이다.

평사리를 향하여 철쭉 사이 길을 따라 하산하는 데. 약간의 평지에 성제봉철쭉제단이 놓여있다. 철제 계단을 오르고 하동군수 명의의 '많은 사람이 한꺼번에 건너지 맙시다'는 안전수칙을 명심하고 출렁다리를 건너 한참을 내려가자 산성과 연결되었다. 고소성이다. 성벽위에서 보는 섬진강은 선명하게 S자 형상으로 흘러가고 있다.

관계기관 홈페이지에 형제봉 철쭉을 알리는 글에 '멀리 천황봉에서 제석봉, 촛대봉을 거쳐 비경의 남부능선을 따라 이어져 온 지리의 산세는 비옥한 대지를 빚어내는 형제봉~신성봉을 끝으로 섬진강에 잠긴다'에서 형제봉으로 되어 있고, 철쭉제를 알리는 제단에는 성제봉이다.

사람들이 필요에 의하여 산에 이름을 짓고 안내판 등을 설치하였다면 관리는 제대로 되어야 한다. 山은 산으로 자연은 항상 그대로 존재하기 때문이다. 형제봉 또는 성제봉으로 불리고 있는지 모르겠지만 하나로 정리되어야 하지 않을까.

진감선사비 미스터리

삼신봉 거쳐 쌍계사에 이르는 산행 기회가 있었다. 청학동 주차장에서 출발하여 계곡으로 접어들어 땅만 보고 '헉헉'거리다 살포시 고개를 들어보니 잣나무 단풍나무가 하늘을 가리고 있다. 한참을 가다 계곡을 살짝 비킨 산록에서 샘을 만났다.

어찌 이런 곳에 샘이 있단 말인가. 물 맛 한번 참 좋다. 이곳이 토끼가 세수하러 왔다가 물만 마시고 간다는 그 옹달샘이던가!

안개가 시야를 가려 삼신봉에서 천왕일출, 반야낙조, 노고운해를 볼 수 없었지만 땀을 흘리며 정상에 올라 둘러보고 땀까지 식으니 기분은 너무 상쾌하였다.

삼신봉 정상까지를 1단계, 쌍계사로 하산은 2단계 산행이다. 멀리 늘어선 능선을 타는데 오르면 내려가고 내려가면 올라가고…. 헬기장 인근에서 허겁지겁 점심을 먹고 2단계 산행에 성실함을 보이려 일행

진감선사비는 대웅전 바로 아래에서 수직과 약간 어긋나게 위치한다.

먼저 행장을 꾸렸다. 계곡을 두개 건너고 배낭을 맨 채 바위에 기대 거친 숨을 내쉬고 걷는다. 한참을 걷다보니 앞뒤로 인기척이 없다. 길을 잘못 들었는가. 혼자 남았네.

녹색페인트를 입힌 굵은 봉을 세워 윗부분에 두 개의 태양전지판이 하늘을 향해 벌리고 있다. 지면 가까이 전화통(위치 15-07)이 부착되어 있고 앞 표지기둥에 긴급통신중계기로 안내되어 있다. 조난되거나 위급상황 발생에 구조 요청할 수 있는 시설로 보여 마음이 놓인다. 사용 방법에 대하여 설명이 없다. 깊은 산속에서 만나는 문명의 이기로 사용 안내서를 곁들이면 안심이 되련만….

쌍계사로 접근하는 계곡으로 내려오는데 두꺼비가 웅크린 형상의 바위가 있다. 이 바위에서 고운 선생이 학을 타고 청학동을 찾아 다녔는데 학을 불렀다는 喚鶴臺(환학대)이다. 고운 선생은 이 바위에 앉아 진감선사대공탑비문을 지었다고 한다.

돈오문을 지나 알 듯 모를 듯한 邪正心作用(사정심작용)이라는 글귀가 새겨진 다리를 건너 쌍계사 경내로 들어섰다. 왼쪽으로 대웅전이 보인다. 산행으로 굽어진 허리를 펴지 못하고 그대로 부처님에게로 발걸음을 옮겼다.

5단 축대와 다시 17단으로 된 2차 축대위에 대웅전이 자리하고 있다. 보도는 돌을 깔았고 1차와 2차 축대 사이에 비석이 있다. 비석 주변을 사각형 울타리를 쳤는데 한 변에 세 개의 석주를 세우고 각각 2개의 철봉을 꿰어 팔을 곧장 뻗쳐도 비에 닿을 수 없도록 관리되고 있다. 이 구조물이 대웅전으로 가는 통행로의 대부분을 차지하고 있는데 이는 사찰에서 보기 드문 광경이다. 부처님을 알현하기 전에 먼저 비석에 합장을 한 뒤에 계단을 오르라는 의미인데 도대체 누구의 비란 말이던가.

비는 넘어졌거나 큰 충격으로 비신의 좌측 상단 모서리 부분은 떨어져 나갔으며 우측 중간에는 생채기가 있고 하단 중앙에는 탄환에 파인 흔적이 뚜렷하고 철판을 테로 감싸고 있는데 귀와 턱 머리로 붕대를 감은 듯하다.

최치원은 열두 살에 당나라 유학길에 올랐다. 아버지는 “10년 공부해 과거에 합격하지 못하면 아들이 아니다”고 했다. 신분 상승을 하지 못한 아버지 한에 맺힌 당부였다. 최치원의 각오도 이에 못지않았다. 졸음을 쫓기 위해 상투 끝을 천장에 매달고 바늘로 다리를 찔러가며, 남이 백을 하는 동안 천의 노력을 한다는 각오로 공부하였다.

6년 만인 874년 18세에 빈공과에 장원으로 합격했다.

고국과 부모님에 대한 그리움으로 최치원은 17년간의 타국 생활을 접고 귀국하게 된다. 당시 신라를 통치하던 헌강왕은 진감선사의 도덕과 법력을 높이 평가하였다. 진감선사는 탑도 세우지 말고 자취도 기록해 남기지 말라고 유언했지만 헌강왕은 최치원에게 "선사는 수행으로 이름이 드러났고 그대는 문장으로 이름을 떨쳤으니 마땅히 銘(명)을 지어라"고 명하였다.

헌강왕은 탑비가 세워지기도 전에 승하하였고 왕위를 이어받은 정강왕이 계속 추진한 덕분에 887년 雙磎寺眞鑑禪師大空塔碑(쌍계사진감선사대공탑비)가 완성된다. 비문은 유교와 불교 그리고 도교가 근본적으로 살펴보면 다르지 않고 결국 하나에서 시작한다고 서두를 잡았다.

쌍계사에서 주차장으로 내려오는 길에 두 바위가 길을 좁히고 있는데 지나 살펴보니 한쪽에는 雙磎(쌍계) 다른 쪽에는 石門(석문)이라 새겼는데 끝이 날카롭고 매끄럽지 못한 필체이다. 고운 선생이 쇠 지팡이로 썼다고 한다. 이 글씨로 속세와 법계를 가르며 여기서부터는 부처의 세계이니 옷차림과 마음을 가다듬으라는 가르침인가 보다.

진감선사는 신라 말 명승으로 선, 차, 범패를 선양한 것으로 알려졌는데 진감선사대공탑비는 국보 제47호이다. 고운 선생의 四山碑銘(사산비명)의 하나로 꼽히는 명품이란다.

비석을 대웅전 바로 아래에 위치시킨 연유가 무엇일까?

탑비 전면과 대웅전의 방향이 직각에서 3~5° 정도 어긋났는데 이렇게 배치한 이유는 무엇일까.

소상낙원

하동읍에서 화개로 방향을 잡아 이동하면 우측 길목에 3잠을 잔 누에 모양의 길이 5미터 폭 1미터가 넘는 돌에 岳陽洞天(악양동천)이라는 글자가 새겨져 있다. 악양교를 건너고 벚나무 가로수 숲을 지나면 우측으로 평사리문학관, 직진하면 화개장터로 가는 갈림길이 나온다. 그곳에 작은 공원이 조성되고, 3단 화단 위에 바위가 자리를 틀고 있다.

보는 각도에 따라 녹차 씨앗, 지리산을 향하여 도약하는 두꺼비, 껍질 벗은 알밤 등 여러 형상으로 눈을 현혹시키는 둘레 9m, 높이 4m 되는 바위 전면에 園樂湘瀟(원낙상소)라는 네 글자가 음각되어 있다. 글자 당 가로 세로 30cm 가량 크기로 바위 모양과 조화를 이루는 명필이다. '낙원'이라는 단어가 있어 우에서 좌로 읽고 해석하면 되겠다.

수차례 지나치면서 글씨는 빼어났건만 뜻을 알 수 없어 답답하였다. 첫 자를 모르니 무식은 끝이 보이지 않는다고 탄식을 하였다. 우측 첫 글자를 인터넷 검색을 하였다. 한자 찾기, 부수 횟수로 찾기, 삼수변, 15획으로 하여 유사한 글자로 潇(소)를 찾았다. 이 글자는 강 이름 瀟(소)의 속어 또는 간체자이다. 바위에 새겨져 있는 첫 글자는 사전에서 찾기 어려운 강 이름 소字의 서체인 듯하다. 끈기를 발휘하지 않으면 접근을 허용하지 않는 글자이다. 湘(상)은 강 이름 상字이다. 붙여 읽으면 소상이 된다. 소상은 무슨 말인가.

소상은 중국 호남성 동정호의 남쪽에 있는 소수와 상강이 합쳐지는 경치가 빼어나고 악양루, 동정호 등의 명승지가 있는 지명이다. '소상팔경도'는 송대 송적이 소상 지방의 팔경을 그림으로 그려 화제를 달았다. 산간 마을의 저녁 안개, 종소리 들리는 산사의 저녁, 어촌에 깔린 저녁노을, 포구로 돌아오는 돛단배, 밤비, 동정추월의 가을 달, 모래사장에 내려앉는 平沙落雁(기러기), 눈 오는 겨울이다.

이인로의 소상팔경도의 평사낙안에 대하여,

水遠天長日脚斜 隨陽征雁下汀沙
行行點破秋空碧 底拂黃蘆動雪花

물 멀고 아득한 하늘 해가 지는데
볕을 따라 기러기는 모래톱에 내리네
줄줄이 가을 하늘의 푸름을 점쳐 깨뜨리니
누런 갈대 낮게 스쳐 눈빛 꽃을 뒤흔드네.

여기 경치가 중국의 소상과 닮았다면 합수하는 물줄기 이름은 무엇이며 동정호 및 악양루는 어디에 있는가!

섬진강 따라 굽이굽이 아름다운 물길, 우리나라에서 가장 아름다운 길, 오늘도 전국에서 이 길을 찾는 길손의 행렬이 이어지고 있다. 이들에게 평사리문학관은 필수 코스이며 그 대열에 학생도 포함될 것이다. 학생은 한글세대로 한자 해독 수준이 낮다는 평가이다. 문자는 의미를 전달하는 것을 주요 목적으로 한다면 읽을 수 있어야 이해할 수 있지 않을까. 길목 바위에 새겨진 소상낙원에 대하여 읽기 쉽게 안내하면 좋겠다.

악양루

개치 마을 입구에 숨은 듯 누각이 있다. 높은 담장에 가리고 뒤따르는 차량에 밀려 옆을 볼 틈 없어 여간해서는 발견하기 어렵다. 도로에 접한 계단 아래에 조심스럽게 정차시키고 누각에 올랐다. 전망이 기막히다. 저 멀리서 섬진강물이 넘실대며 발아래까지 달려와 7시 방향으로 빠져나간다. 강물이 곧게 흐르다 강안에 부딪혀 유속이 느려져 실려 오던 모래가 강 좌우로 쌓여 넓은 백사장을 이루었다. 먹이가 있어 검은 독수리가 떼를 이루고 날아오르다 내려앉는다.

골이 깊어 여름 소나기에 쌍계, 구례, 피아골, 악양골에서 흘러내린 물이 합해진다면 그 기세에 귀가 멍해지며 가슴이 벌렁거리고 눈이 어지러워 기둥을 잡아야 몸이 지탱될 것 같다.

안쪽 처마 아래 여기저기 현판이 있다. 중건악양루시(송헌 박병화), 절로 시가 나올듯한 이곳에서 자주 시회가 개최되었는지 악양루 詩壯

當選律詩(시장당서울시)에서 一等(일등) 보성 소파 송명희, 二等(이등) 대구 남산 허선 등의 이름이 보이고, 기둥 마다 2개씩 주련이 달렸다. 山廻天相接 江高地共淳(산회천상접 강고지공순)라는 구절도 볼 수 있다.

정면에 岳陽樓(악양루)라는 현판이 보인다. 이어 오른쪽 처마 아래에 또 하나의 현판이 있다. 정자 하나에 두개의 이름표를 볼 수 있다. 횡으로 岳陽樓(악양루)이라 새기고 세로로 十三歲 盧瀠 書(십삼세 노영 서)라 했다. 13세 소년의 글씨를 새겼는데 그 나이에 현판 글을 쓸 정도라면 보통 인재가 아니다.

평사리문학관 가는 길목에 쑥색의 바위를 옮겨 瀟湘樂園(소상낙원)라는 네 글자가 음각되어 있다. 중국 소상을 닮은 낙원이라는 뜻이리라. 악양 들판이 펼쳐지고 가운데 부부송이 있다. 왕버들 숲 사이로 언뜻 누각이 보이고 호수가 나타난다.

"아! 저게 바로 악양루이며 호수는 동정호가 되는구나!"

누각을 몇 바퀴 둘며 살펴도 보이지 않는다. 멋있는 필체로 현판을 걸면 한층 어울리겠는데 있어야 할 것이 없다. 의미 있게 조성을 하였으면 이름을 달고 안내판이 있으면 한층 덧보일 듯한데.

호수를 내려다보는 누각 이름이라 岳陽樓(악양루)가 제격인데, 개치 마을에 이미 岳陽樓(악양루)가 있어 사용하지 못하고 있는 것이 아닌지. 한글로 악양루로 하던지 또는 平沙落雁樓(평사낙안루)또는 落雁樓(낙안루)는 어떠할까? 지혜를 모아 멋있는 이름으로 불리면 좋겠다.

어다동천

사람이 육안으로 물체를 보는 과정은 태양 또는 전등에서 방출된 가시광선이 물체에서 반사되어 눈에 도달되면 시신경을 통하여 뇌로 전달되고 뇌에서 분석하여 시각 중추에서 인식된다.

사람이 물체를 본다는 것은 아주 한정된 빛을 대상으로 하고 있다. 그리고 사람들은 감동적으로 볼 수 있도록 끊임없이 작업을 하는데 그림을 그리거나 문자를 새기는 것도 포함될 수 있다.

기념비에 글자를 새기는 것은 서체도 훌륭해야하지만 많은 사람이 읽을 수 있어야 한다. 볼거리가 많은 현대에는 보고 즐기는 쪽으로 무게중심이 이동하기 때문이다. 모형은 보는 사람이 감상할 수 있지만 문자는 보고 이해를 해야 생명력이 오래 지속되지 않을까.

학생을 인솔하여 쌍계사 아래 하동차문화센터를 찾았다. 광장 뒤에 화강암으로 마치 책을 펼쳐 세운 모형으로 시대별 녹차에 대한 설명을 새긴 비가 좌우로 두개가 있고 가운데 비에 ○茶洞天(○다동천)과 옆에 '왕께 올린 茶(다)의 고향'이란 구절이 새겨져 있다.

화려한 필체에 유별나게 관심을 기울이던 학생이

"선생님! 저기 보이는 한자를 어떻게 읽어야 합니까?"

이미 한참을 올려다보고 첫 자를 몰라 고심하고 있던 차에 질문을 받자 당혹스러웠다.

"○다동천 인데, 동천은 '산천으로 둘러싸인 경치 좋은 곳'으로 해석하면 되겠는데, 첫 자를 읽을 수 없어 충분한 답을 할 수 없구나."

문제의 글자를 사전에 검색을 하였지만 찾을 수 없었다. 류진희 박사에게 문의하여 거느릴 어(御)자로 지도 받았는데 御(어)자의 이체인데 전문가가 아니면 알기 어려운 필체라는 의견을 제시하였다.

본다는 것은 인간에게 자연의 제한적 혜택이다. 인연이 닿아야 볼 수 있다. 와서 보라는 시대가 아니고 보여줄 만반의 준비를 갖추고 기다리고 있다는 적극성이 필요하다.

김대렴

하동야생차문화축제로 수십만 명이 참여하고 세계중요농업유산등재는 물론 왕의 녹차는 글로벌 산업화의 가능성을 열었다는 평가이다. 이 같은 성과에 김대렴을 생각하게 된다.

김대렴은 흥덕왕 3년(828) 12월, 당나라에 사신으로 갔다가 차의 종자를 가지고 돌아오니 왕은 지리산에 심게 하였다. 그 이후, 그는 어떻게 되었을까.

신라 말기는 왕위 다툼이 심하여 왕의 교체가 빈번하였다. 흥덕왕은 왕이 되자마자 장화부인과 사별한다. 왕비를 맞아들이지 않은 채 한 쌍의 앵무새를 키우다 암놈이 죽어 수놈이 슬피 우는지라 거울을 걸어두도록 하였다. 수놈은 거울 속 그림자를 짝으로 여기고 거울을 무수히 쪼다가 허상임을 알았는지 슬피 울다 죽고 만다. 왕은 새에게도 짝 잃은 슬픔이 있거늘 어찌 좋은 배필을 여의고 무정하게 왕비를 맞이할 수 있을 것인가 하며 혼자 살았다.

흥덕왕은 후사를 두지 못하고 승하하니 종제 김균정과 종제 아들 제륭을 서로 왕으로 세우려 다투었다. 김우징은 김예징 및 김양과 합세하여 836년 1월, 아버지 김균정을 왕위에 올렸지만 삼일 만에 김명이 김균정을 죽이고 제륭을 왕으로 즉위시키니 신라 43대 희강왕이다.

희강왕 즉위를 경하하는 연회장에서 김명은 김예징 등의 정적을 살해할 계획을 세웠는데 이를 사전에 알아채고 청해진으로 도망을 갔다. 김명은 두리번거리다 김대렴에게 시선이 꽂힌다.

그 무렵 귀족들 사이에서 주사위 놀이가 유행하였는데 14면체 각 면마다 4자씩의 명문을 새기고 던져 윗면의 문구대로 행동하는 놀이였다. 원로대신 김대렴은 상인타비(象人打鼻)로 나오자 코를 잡고 마루위를 맴돌면서 자신의 코를 때리니 왕을 비롯한 귀족들이 크게 웃으며 즐거워하였다.

김명 차례가 되자 "주사위에 나오는 문구가 그 어떤 것이라 할지라도 내가 이를 행하겠소이다." 하며 던지더니 다른 사람이 보기 전에 얼른 주사위를 집어 들고 연거푸 석 잔을 들이켰다. 주사위에 나온 주문이 벌주 석 잔을 거푸 들이키는 문구라고 생각하고 있었는데, 술을 마신 김명이 일어나서 김대렴 앞으로 다가간다.

"대감의 목을 주시오. 주사위에는 이렇게 쓰여 있었소이다. '술 석잔 마시고 적의 목을 베어라'라고 말이요."

주사위 14면 중 그 어디에도 술 석잔 마시고 적의 목을 베어라[三盞斬首]란 문구는 새겨져 있지 않음을 모두 알고 있었다. 김명이 목을 벨

대상으로 김대렴을 지목한 것은 그가 죽은 김균정의 오랜 벗이며 도망친 김예징에 대한 분노를 풀고 희강왕의 무능에 대한 경고였다.

김대렴은 희화적으로 죽었지만, 하동을 왕의 녹차로 알려진 천년의 향과 멋이 살아 있는 축복받은 땅으로 격을 높이는 역할을 하였다. 차 행사에 김대렴을 추념하는 한 잔의 술을 올리는 특별 순서를 갖추는 것은 어떨지.

김춘추와 하동포구

당나라와 연합을 위하여 목숨을 걸고 배에 오르는 김춘추, 그 출발점이 하동이란다. 팔십 리 하동포구 어디쯤일까.

649년 3월. 중국 역사상 가장 뛰어난 황제라고 칭송받는 당태종 이세민은 안시성 전투에서 성안에서 날아온 화살에 눈을 다치고 요택 늪지대에서 허우적거리다 얻은 병으로 3년 동안 병마에 시달리다가 죽음을 맞게 된다. 그는 고구려와 전쟁을 일으킨 것을 얼마나 후회하였으면 “고구려 정벌을 즉시 중지하라. 앞으로도 고구려 정벌군을 일으키지 마라” 라는 유언까지 남긴다.

이세민 사후 여제동맹은 견고하게 되고 반면에 신라의 입지는 더 좁아지며 대외적으로 큰 위험에 처하게 된다. 신라는 대야성 전투에서 백제군에 참패하였고 계백장군에게 서부 지역 함양을 점령당하는 등 위축되어 있었다.

김유신은 김춘추가 대야성 전투에서 사랑하는 딸이 윤충의 손에 죽었다는 비보를 듣고 하루 동안 기둥에 기대서서 눈을 깜박이지 않고 허공만 쳐다보고 있다는 소문을 듣고 위로하러 간다. 두 사람은 이 자리에서 신라 장래에 대하여 논의하고 김유신은 국내에서 군사를 기르며 김춘추는 당과 연합전선을 형성하기로 전략을 세운다.

김춘추는 당고종 이치를 설득하여 이세민이 남겼다는 고구려 정벌 포기의 유조를 폐기시키고 정벌군을 일으키도록 설득하기로 결심한다. 이것만이 위기에 처한 신라가 살아남는 유일한 방법이다.

김춘추는 진덕여왕을 알현하고 사행을 자청했다. 차후 문무왕이 되는 장남 법민과 당나라와 우호적인 관계를 유지하는 역할을 하게 되는 셋째 아들 인문을 대동하고 배를 타고 당나라로 떠난다. 이 역사적인 출발 지점이 바로 *韓多沙(한다사 - 지금의 하동)이다. 일행이 장안에 도착한 것은 신라를 떠난 뒤 두 달 만이었다.

춘추는 여왕의 국서를 바치고 이치를 알현했다.

"폐하께오서 윤허하신다면 두 자식 놈 중 하나를 폐하의 슬하에 남겨 궁중 예법과 법도를 배우게 하여 폐하를 모시게 했으면 허옵니다."

이치는 흐뭇한지 볼모로 두겠다는 김춘추의 얼굴과 그 희생물인 아들들을 바라보았다.

"소신 무능한 둔재이오나 폐하를 모시겠습니다."

작은 아들 인문이 선뜻 나섰다.

이치는 기뻐서 고개를 끄덕였다. 아들을 바친다는 것은 당에 대한 충성이 영원불변하다는 걸 맹세하는 거나 마찬가지다. 이로써 신라와

당은 동맹관계가 되며 백체와 고구려를 멸망시키게 된다.

하동포구 풍광은 아름다워 살아있는 도원세계라고 극찬한다. 그런데 세월은 모든 것을 변하게 하지 않던가. 하동포구는 직선화가 되어 굽이굽이 돈다는 말은 사라지게 되었다. 하동포구는 앞으로 쭉 변하게 될 것이다. 그 모습 더 변하기 전에 귀중한 역사의 흔적을 가시화하여야 할 것이다.

신라가 존재하기 위하여 당나라와 동맹이 유일한 방책임을 알고 자식을 인질로 삼아서라도 동맹을 성사시키겠다는 각오로 장도에 오르는 김춘추, 그 출발점이 하동포구이다. 그 지점을 찾고 표석을 설치하는 것은 격조 높은 화장술이라 할 수 있지 않을까.

– 유현종, 대하역사소설『연개소문』6권, 행림출판, 2006.

희가소

하동송림. 그곳에는 더위에 그늘을 주고 겨울에는 칼바람 막아 주며 그리고 인연의 소중함을 깨우치는 소나무 있다네!

겨울답게 영하의 기온이 계속되고 있다. 계절 본색을 맛보라는 듯 차가운 바람까지 가세한다. 섬진강 위로 불어오는 지리산 골바람에 새벽 운동 장소를 하동 공원에서 송림으로 바꾸어야 했다. 달이 없어도 모래에 반사되는 별빛과 섬진강 물결에 튕기는 그윽한 빛으로 강변길은 먹통이 아니다. 손전등이 없어도 도보에는 무리가 없다. 우선 물길 따라 일정 거리를 걷는다. 오른쪽으로 백사장이요, 강물이며 너머 요상한 능선의 산이 있다. 舞童山(무동산)이다.

무동은 농악이나 걸립패 굿 따위에서 상쇠의 목말을 타거나 외줄 위에서 춤추고 재롱을 부리는 아이를 말함인데, 유사하게 닮아 무동산으로 불리게 되었나보다. 이름을 음미하며 멀찍이 바라보니 산세는

두 가닥으로 갈라진 가지가
다시 하나로 되는 소나무는 보기 어렵다.
희귀한 가지 소나무라 '희가소'로 불린다.

덩실덩실 춤추는 움직임이다.

울타리 따라 한참 걸어 소나무 숲으로 들어서니 발자국 흔적으로 길은 어둠속에서도 뚜렷하다. 강은 꽁꽁 얼어 그 위로 매서운 바람 미끄러져 솔밭으로 쏟아지는 기세는 과히 위협적인데 갑자기 잠잠해진다. 소나무 바늘잎에서 칼바람을 잠재우는 비법을 발휘하는 듯하다. 소나무 사이를 걷다보니 무등암에서 나오는 목탁소리 리듬이 되고 종소리 장단이 되어 절로 발걸음이 가벼워진다.

하동송림(천연기념물 445호)은 조선조 영조 21년(1745) 하동도호부사 田天詳(전천상)이 모래바람과 강바람의 피해를 막기 위하여 심었다. 그 역할을 입증이나 하듯이 하나같이 소나무 껍질이 갑옷처럼 울퉁불퉁하고 꾸불꾸불하여 마치 이무기가 승천하려는 자태로다. 지면 바로 위에서 세 가지로 나눠 각자 모양을 지니고, 어느 높이에서부터 두개의 가지로 나눠져 떨어지기 아쉬운 듯 한길 이상 붙어 있는 형상, 아랑곳 하지 않고 주변 공간을 휘어잡은 소나무, 번호표가 있어 소나무가 존재했다는 사실을 말해주고 있다.

드물게 볼 수 있는 엉김의 미학을 펼쳐 보이는 나무들도 있다. 각자 뻗어나가다 점점 옆의 나무로 접근하여 어느 시점에서 접촉을 하게 되고 반 바퀴를 서로 감고, 바람에 흔들려 비비대다 서로 생채기를 내어 무척 아팠을 것인데, 오랜 세월 참고 살아왔나 보다.

새벽에 소나무 사이를 걷는 마음은 건강을 유지하겠다는 발로라 할 수 있을 것이다. 반복 단순 동작은 특정 부위만 단련될 수 있어 시계 방향으로 산책코스로 바꾸기로 하였다. 방향이 변함에 따라 섬진교가 확 보이고 강물이 흘러오는 것을 볼 수 있어 강의 다른 모습이 시야에 포착되었다. 또 행동의 변화에 일정한 규칙을 체험할 수 있었다.

며칠을 계속하여 같은 지점에서 터닝을 하게 되었다. 송림의 동쪽 끝 중간지점에 피뢰침이 부착된 인조 소나무 바로 옆이다. 운동 방향을 바꾸는 순간, 몸은 정지 상태가 되어 주변을 살피는 기회가 주어진다. 반 바퀴 회전으로 위를 볼 수 있는 기회 포착으로 유별난 수백 년생 소나무가 눈에 들어온다. 밑 둥은 2.4m 지면 1.5m에서 두 줄기로 되고 우측 가지 5m 지점에서 두 개의 가지로 갈려 사람 키 높이에서 하나로 합쳐졌다. 모양은 우측으로 약간 치우친 불꽃 형상이다. 어찌 이 같은 기묘한 가지가 될 수 있을까!

하동송림은 전국적인 명소이다. 금슬 좋은 부부의 사랑과 화목한 가족 간의 사랑, 연인들의 가슴 저미는 사랑에 빠져보는 기회가 될 수 있도록 희귀한 가지 소나무를 '희가소'라고 부르고 싶다.

희가소를 보면서 같은 뿌리에서 나누어져 다른 가지로 생활하지만 시작은 같았다는 인연을 알게 하는 계기가 되었으면 한다.

하동송림

하동은 자연 경관이 뛰어나다. 하동포구 80리에 구석구석 시선을 뗄 수 없고 계절 따라 변하는 섬진강변의 경치는 황홀할 지경이다. 혹시나 자연이 준 선물을 모르고 있지나 않는지.

하동의 필수 탐방 코스로 하동송림이지만 전국적으로 송림으로 알려진 장소가 늘어나고 있다. 하동송림의 명성을 이어가고 특별한 감동을 주는 명소가 되도록 지혜를 모으자.

하동송림을 주차장에서부터 급수장까지 휴식기로 지정되어 출입을 통제하였는데 울타리를 치웠다. 주차하면 바로 송림으로 입장할 수 있고 중앙을 관통하는 운치 있는 길을 닦았다. 길 양쪽에 동아줄로 유연하게 형을 잡고 솔방울 깔았다가 톱밥을 채워 느낌 좋은 오솔길이다.

음악 소리 들린다. 소나무에 달렸을 스피커를 보려고 주위를 둘러

보아도 보이지 않는다. 붉은 소나무 그루터기 의자(숲의자)에 앉아 살펴보아도 음원은 볼 수 없다. 예전에는 여러 가닥 전선을 소나무 몸통에 걸치고 여기 저기 스피크를 달았는데 어디로 치웠나. 아, 무릎 사이에서 들린다. 땅속으로 배선하고 숲의자에 내장한 것이다. 역시 하동 사람의 아이디어로다!

하상정 뒤쪽에 소나무 한 그루가 응급조치를 받고 있다. 일정 부분 직선으로 컸다가 옆으로 뻗어 곧게 성장한 몸매이건만 주변에 나무가 없어 걸림 없이 부는 바람을 감당하지 못해 넘어 졌나 보다. 잔가지를 치고 상부는 잘랐다. 상체를 3개의 삼각발로 받쳤고 위쪽에 두 개의 가지를 남겼다. 수액을 공급하고 밑 둥은 비닐로 동여매었다. 회생되기를 기원하며 '누운 듯 앉은 소나무'를 '누은소'로 명명하면 이름값을 하겠구나.

하동송림. 보고 생각하고 느끼게 하는 명소로 가꾸면 어떨까? 홈페이지를 구성해 본다. 소나무마다 일련번호와 QR코드를 표기한 표지판을 설치하고, 학생 및 출향인사를 대상으로 관리자를 공모하고 사진, 높이, 둘레, 특징, 관리 일지 등을 탑재하게 한다. 평가를 하여 학생에게는 장학금을 지급하고 하동향우에게는 표창하여 애향심을 키운다. 찾는 이 QR코드를 사용하여 관심 있는 소나무를 검색하고 글을 올리게 한다.

특색 있는 소나무에 안내판을 세우자. 몸통이 밀착된 소나무 아래에 원앙나무라 하고 가장 오래된 소나무이다. 약 228년이며 연리목으로 마치 부부가 마주보고 있는 모습으로 부부송이라 부르며, 어루만

지면 부부금실이 좋아진다고 설명하였다.

옆 가지 위로 마치 구렁이가 담을 넘는 듯 소나무, 다발성 가지 소나무, 누운 듯 앉은 소나무 등이다. 지면과 소나무 사이는 빈 공간으로 우선 산책로 따라 키 작은 소나무를 심어 위아래 조화를 이루는 환경이 필요하다.

역시 하동이라 성평리에서 하동읍까지, 하동포구 아가씨, 돌고지재 등의 주옥같은 노래가 많다. 경음악 및 노래를 배합하여 들려주면, 솔잎은 방음벽 그리고 소나무 가지는 반사로 송림에서 듣는 음악은 특별한 감흥을 받게 될 것이다.

소나무 사이를 걸으며 '역시 하동송림은 다르다'는 느낌을 안고 가도록 지혜를 모으자.

우복초등학교 교적비

북천면 직전마을 앞 곧은길을 지나 오르막길로 접어든다. 가속기를 밟자 목이 뒤로 젖히며 굽이가 많은 산길은 수풀에 가렸다 보였다 한다.

황토재 고갯길은 마치 웅크리고 잠자는 소의 앞다리를 타고 갈비뼈를 넘어 꼬리 위를 오르는 형세이다. 몇 번이나 감돌아 마루에 올라보니 정자가 있다. 주변을 잔디로 조성하고 이명산 안내도를 세웠고 의자를 설치하였다. 고개를 넘나드는 길손 땀을 식히기에 충분하다. 정자 옆에 '피파마을'로 새긴 표지석이 있다. '피파'라는 이름에 호기심이 인다. 혹 악기 비파의 오류인가. 끌리 듯 여정을 잡았다.

전나무 가로수 산길을 한참 내려가자. 갈림길이 나오고 거북선형의 이순신백의종군로비가 있다. 인적 드물고 한적한 산 속에 이순신 장군의 발자국을 본다는 것은 뜻밖의 장면이다.

'서촌리에서 이명터널과 북천사를 이웃하여 고개를 넘어 북천 사평

마을 회관까지 산길 5리'라고 새겼다. 도원수 권율 장군이 진을 치고 있는 합천 초계로 이동하는 노정이다.

理明山(이명산) 등뼈에서 남으로 두개의 산줄기 길게 내려 터를 넓히고 사이에 울창한 수풀을 이뤄 서동촌으로 구분한다, 멀리서 봐도 플라타너스 나무로 알 수 있고 울창한 수풀 속에 무언가 있을 것 같다. 서촌마을 淸和亭(청화정)에 올라서니 철로가 바로 아래에 깔려 있다. 갑자기 기적 소리와 함께 '철거덩, 철거덩'하면서 검은 물체가 글에서 밀려나온다. 양보역에서 세우는 손님 없어 멈추지 않고 횡천역으로 직행한다.

수풀이 끝나는 지점에서 동서로 연결하는 논길로 차를 얹어 한참을 가다 鳴巖亭(명암정)에 오르니 넓은 들판이 펼쳐진다. 동촌마을이다. 다시 차를 돌려 숲을 찾았다. 키 높이에서 두 가지로 갈라진 적송, 향나무와 수목으로 울타리를 이루고 공터가 있다. 공터에는 사람들의 발자국으로 원형의 트랙이 만들어 졌다. 계단식 축대는 넝쿨에 가려졌으며 잔디와 클로버 색깔로 잘 어울리는 천연 광장이다.

플라타너스 꼭대기에 까치가 둥지를 틀었다. 둥지 주변을 날아다니며 요란하게 환영인사를 하고 있다. 길손을 경계하는가 보다. 마침 담 벽을 보수하는 촌로가 있어

"여기에 무엇이 있었는가?"

"우복초등학교 폐교터 이외다."

牛伏(우복)은 소가 엎드렸다는 뜻인지 궁금하다. 또 피파마을은 피한다는 뜻의 避(피)자를 사용하는지 알고 싶다.

황혼에 접어든 졸업생이 잡초 우거진 모교 터를 찾는다. 이런 마음이 아닐까!

오백년 도읍지를 필마로 돌아드니
산천은 의구하되 인걸은 간 데 없네
어즈버 태평연월이 꿈이런가 하노라

적송 아래 우복초등학교 교적비를 세워 개·폐교연도, 졸업생수, 교훈 그리고 뒷면에 교가 등을 새긴다면 찾는 이의 마음이 한결 가벼워지지 않을까!

돌담길

주교(舟橋)란 작은 배를 한 줄로 여러 척 띄워 놓고 그 위에 널판을 걸쳐 물을 건널 수 있는 다리를 말한다. 주교천은 배다리가 있고 개울보다는 크지만 강보다 작은 물줄기를 일컫는다. 주교천 포구에 배다리가 있던 시절에는 물산이 집결되고 사람들이 몰려 난장판이 되었을 것이다.

강산이 변하여 주교는 흔적도 없고 저수지를 조성하고 가로 질러 산책 다리를 걸쳤다. 주변에 운동시설을 갖추고 물레방아 딸린 방앗간이 있다. 기단 위에 자연석을 얹어 10리에 5리를 더한 십오리에서 'ㅂ'은 생략되어 '시오리 솔밭길'을 새기고 오석에는 정두수의 시오리 솔밭길 가사를 새겼다.

정두수는 1937년 4월 고전면 성평리에서 태어났다. 어머니의 손을 잡고 시오리 되는 구불구불 솔밭 길을 걸어 고전초등학교에 다녔고,

고전면 배다리 공원에 있는 뮤직 박스 1번을 누르면, '돌담길 돌아서며 또 한 번 보고…'라는 노래가 나온다.

삼촌이 학도병으로 끌려가면서 할머니 손을 잡고 돌아오겠다는 약속을 하면서 돌담길로 사라지는 영상을 '물레방아 도는데'라는 노래 말로 다듬었다. 하동포구 아가씨, 마포종점, 공항의 이별, 흑산도 아가씨, 목화아가씨, 우수, 덕수궁 돌담길 등 3500여 편의 가사를 지었다.

뮤직 박스 1번을 누르자 나훈아 독특한 음색의 '돌담길 돌아 서며, 또 한 번 보고 징검다리 건너갈 때…'의 가락이 한적한 시골 마을에 퍼진다. '그 삼촌은 무사히 돌아왔을까?'에 답을 찾지 못한 채 마을 입구로 걸음을 옮겼다. 사거리 길목에 볼거리를 모았다. 고구마처럼 생긴 바위에 깊

게 새긴 하동읍성 알림비, 이순신백의종군로비, 하동읍성 안내판, 고전면민 만세기념비이다. 안내판에 의하면,

하동읍성은 통일신라이전부터 고을 읍기가 자리했던 유서 깊은 터이다. 신라 경덕왕 16년(757)에 하동군으로 개명되어 군현제 실시와 함께 관아를 두고, 태수, 감무, 현감, 군수 등 명칭의 수령이 고을을 다스렸다. 청사를 둘러싼 하동읍성은 조선 태종 17년(1417)에 축성. 숙종 29년(1703)에 하동현청을 진답면으로 옮기면서 기능을 다하게 되었다.

주성마을회관 옆으로 방향을 잡았다. 골짜기를 메운 높은 축대가 보이고, 몇 그루 고목이 시간마저 머문 한적한 자리에 머물고 있다. 축대는 곳곳이 허물어져 나무뿌리가 드러났지만 균형 잡힌 초석으로 그나마 형태를 유지하는 듯하다. 나무 아래 맑은 물로 채워진 우물을 한바가지 마셨다. 참 시원하다.

성안으로 들어서자 위쪽으로 몇 채의 민가와 계단 논이 보인다. 속이 비고 울퉁불퉁 혹이 달린 정자나무에 기대어 돌아보니 돌지 않는 물레방아는 지척이다.

하동읍성은 양경산 능선을 따라 마름모꼴로 축조되었는데 복원공사가 진행 중이다. 옛 모양을 되찾는 차원을 넘어 전국적 명소가 되도록 특색 있는 프로그램으로 꾸며야겠다.

이충무공은 정유년(1597)에 하동 땅을 백의종군 및 복직으로 두 번에 걸쳐 지나게 된다. 유숙지로 악양 이정란집(5. 26.), 두치 최춘룡집(5. 27.), 하동읍

성(5. 28~29.), 굴동 이희만집(7. 20.), 옥종 이홍훈집(7. 24~26.), 8월 3일은 여의마을에서 잠시 머물렀다.

장군은 하동읍성에서 2일 동안 몸조리를 하고, 청수역 시냇가 정자에 앉아 흘러가는 구름을 보며 무슨 생각을 하였을까. 초계는 어머님의 친정 동네로 장례도 치루지 못하고 백의종군 신세로 찾는 허전한 마음을 달래려 하염없이 바라다보았겠지.

하동현청 별사를 복원하여 고뇌하는 이충무공의 조형물을 갖추고, 유숙지와 방향이 일치되는 하동읍성 지점에 일자에 맞춰 『난중일기』를 기록한 안내판을 설치하면 하동읍성의 볼거리가 된다.

이병주문학비

사실을 기억하면 추억이 되고 기록하면 역사가 된다고 한다. 기록에 의하여 그 시대의 지혜가 전해져 우리의 생활을 의미 있게 한다. 작가의 기록 속에 나타나는 지명, 인물을 통하여 애향심이 제고되는 것이 아닐까.

작가 이병주가 하동 태생이기에 《바람과 구름과 碑》에서 황토재를 무대로 할 수 있었고 청암 출신 박종태를 비중 있는 등장인물로 설정할 수 있었던 것이 아닐까.

《바람과 구름과 碑(비)》는 작가 이병주가 57세에 조선 말기를 배경으로 점성가인 최천중이 입헌군주제의 이상 국가를 세우기 위해 기재와 인재, 호걸을 三田渡莊(삼전도장)이라는 결사를 만드는 과정을 엮은 역사소설로 "역사는 산맥을 기록하고 나의 문학은 골짜기를 기록한다."고 하던 작가의 말대로 골짜기에서 이는 구름과 바람처럼 이름

없이 살다간 민초들에 대한 이야기이다.

민비나 대원군과 같이 실명으로 등장하는 당대 권력층과 김옥균, 박영효 등의 개화파들이 사실에 입각한 인물이라면, 최천중, 연치성, 박종태 등은 당대 영웅의 역사를 드러내 보여 주는 허구의 인물들이라고 할 수 있다. 만약 당시에 국왕과 동학도가 손을 잡았으면 그 결과가 어떻게 되었을까? 이러한 가상 아래 있을 수 있었던 찬란한 왕국(晨), 기막힌 공화국에의 꿈을 곁들여 민족사의 의미를 생각해 보게 하는 소설이다.

작가 이병주가 《바람과 구름과 碑(비)》에서 황토재를 어떻게 소개하고 박종태라는 등장인물을 통하여 하동인의 특성을 어떻게 묘사하였을까.

가자 삼전도로 가자
지겟다리 두드리며 부르던 노래
삼전도가서 부르면 명창이 된다네
가자 삼전도로 가자
섧고 서러워서 흘리는 눈물이
삼전도서 흘리면 구슬이 된다네

청암골 16살 되는 소년 박종태는 이 노래를 부르며 황토재를 넘어가고 있었다, 황토재는 진주와 하동의 경계에 있는 험한 고개다. 오름 십 리, 내림 십 리에 열두 모퉁이를 헤아리는 고개이다. 어느 곳에선 숲이 우거져 그 속을 걸으면 아득히 하늘만 바라보일 뿐이다. 호랑이를 비롯한 산짐승이 있고 도둑들이 잠복해 있다고 해서 사람들은 그 고개를 넘으려면 고개 아래 주막에 머물러 있다가 십여 인 동행이 모이길 기다려야 했다. – (5권, 『春風千里(춘풍천리』)

박종태는 황토재에서 만난 도둑 3인에게 새 삶을 찾아주기로 약속하고 일행이 되어 직전(稷田) 마을로 들어선다. 어느 대갓집 대문을 들어서니 사랑채로 통하는 뒷문이 있었다. 뒷문을 열고 사랑채의 축담에 섰다.

"글 읽는 소리 듣기 좋습니다." 선비가 얼굴을 들었다. 마흔 살쯤 되어보였다.

"나는 박종태라고 합니다. 반남 박씨입니다. 청암골에 삽니다."

"나는 문영상이다. 글 읽는 소리보다 그 뜻을 알아들을 수 있느냐?"

"글이라는 건, 사람이면 예의를 알아야 한다. 불쌍한 사람에겐 인정을 베풀어야 한다. 옳은 일을 해야 한다. 남이 나쁜 짓을 못하도록 말려야 한다, 하는 것들을 가르쳐 주는 것이 아닙니까."

"네 말이 옳다. 글이란 건 원래 착한 일을 권하는 것이니까."

"넌 글을 배웠나?"

"배우지는 못했습니다. 검은 것은 글이요, 흰 것은 종이요, 하는 것밖에 모릅니다."

"배우지 않고 글의 뜻을 그만큼 알면 대단하다. 가히 '생이지지(生而知之)'가 아닌가." – 5권(『春風千里(춘풍천리』)

문영상 선비 집에서 하룻밤 신세를 지고, 곤양 장터를 거쳐 무사히 한양에 도착하여 약속한 대로 3인에게 안전한 생활 처를 마련해 주고 삼전도장에 입문하기 위하여 면접시험을 보게 된다. 면접은 삼전도장의 식객이 되기 위한 기본을 검증하는 것으로 고향, 본인의 이름과 부친이름을 쓰고, 삼전도장을 찾은 이유를 네 글자로 쓰는 것이다.

박종태가 붓을 들었다. 河東(하동)이라고 썼다. 朴某(박모)의 독자, 박종태라고 쓰고 보니 종이 한 장이 꽉 차버렸다. 삼전도장을 찾아온 이유를 쓸 자리가 없어 망연해 있는 데 노인이 말없이 새 종이 한 장을 내밀어 놓았다. 박종태는 因人成事(인인성사)라고 쓰고 조용히 내민다. 글자의 뜻대로라면 사람으로 인해 일이 된다. 하지만 사람을 얻지 못하면 大事(대사)를 도모할 수 없으니 같이 대사를 도모할 수 있는 사람을 찾으러 왔다는 적극적인 의사라고 읽을 수 있는 것이다.

> 삼전도장 수장인 원여운은 면담이 끝난 후 "삼전도장이 자네와 같은 사람을 만난 것이 행운이구려, 자네는 活人之術(활인지술)과 得心之法(득심지법)을 가지고 있는 사람이다. 자네가 가는 곳이면 마른 풀이 살아나고, 자네가 사는 곳이면 和風(화풍)이 자생할 것이로다."
>
> – (6권,『碧海青天(벽해청천)의 狂風(광풍』)

인간은 흙으로 돌아가는 존재로 인격형성에는 태어나서 숨 쉬는 공기, 대하는 사람 및 주변의 사물 등에서 많은 영향을 받게 된다. 고향은 마음의 기저가 된다고 할 수 있다. 사람은 젊어서는 꿈을, 나이

들어서는 추억으로 사는 것이 아닐까, 그리고 추억의 배경은 고향이라 할 수 있을 것이다.

작가 이병주의 《바람과 구름과 碑(비)》 속에는 하동 사람으로서 가질 수 있는 추억과 꿈을 주는 소중한 소재들이 많이 실려 있다. 이는 작가가 고향을 소중히 여기는 마음에서 연유된 것이라 할 수 있다.

제언하건대, 황토재 마루에 《바람과 구름과 碑(비)》에서 하동과 관련되는 내용을 중심으로 문학비를 세워 작가 이병주의 하동 사랑하는 마음을 널리 알리며 理明山(이명산)에 위치한 이병주문학관과 연계되었으면 한다.

황토재 옛길

북천면 직전마을 앞 도로를 지나 오르막에 접어들면 고갯길이 시작된다. 황토재 진입이다. 꼬불꼬불 모퉁이를 돌고 정자나무 아래 마을 사람 손을 흔들어 준다. 중턱쯤에서 황룡사가 보이고 도로변에 눈에 들어오는 비석이 있으니 이순신백의종군로비이다.

경상남도가 이순신 장군의 호국정신을 기리고 역사 교육장과 문화 콘텐츠로 발전시키기 위해 2006년부터 하동·사천·진주·산청·합천에 걸쳐 161.5km를 조성했다. 하동구간은 화개장터에서 악양면·하동읍·적량면·횡천면·양보면·고전면·북천면·옥종면의 강정에 이르는 74.5km로 도내에서 가장 길다.

거북선 본체를 기단으로 대리석과 오석을 깎아서 흰 돛, 검은 돛을 세웠다. 바람을 받아 한껏 부풀은 쌍돛에 거북선은 연방 바다로 나아가려 한다. 흰 돛에 명판을 붙였는데 상단 좌측으로 이순신백의종군로, 옆에 현 위치, 아래에 흔적을 상징하는 발바닥을 찍었는데 왼발을 조금 앞으로 내밀고 목표 지점까지 여정과 주변 지형지물을 넣었다.

고개 마루에서부터 내리막길이다. 양보 길과 합쳐지고 철길과 나란히 달리면 종군비를 만나는데 황룡사와 여의마을에 있는 노정은 포장도로를 실선으로 나타내고 있다.

420년 전 이순신 장군은 백의종군이 풀리는 당일에 임지(여수)로 출발한다. 수곡면 원계리 손경례 집을 나서 황토재 넘고 오후 8시경 여의마을에 도착하여 말을 쉬게 하고 자정이 넘어 길을 떠나 두치에 이른다. 서둘러 노정을 잡고 있다. 하동읍성이 근방이건만 들르지 않고 초저녁에 수우재를 넘는다.

여의마을에 들어섰다. 입구에 나란히 두 개의 기둥에 지붕을 얹고 안내판을 걸었는데,

'이순신 장군이 백의종군 중에 삼도수군통제사로 재임명 교지를 받고 첫날 도착한 마을입니다. 1597년(정유년) 8월 3일'이다.

이리저리 둘러보며 사진을 찍자 이장이라는 청년이 나섰다.

"이순진 장군이 지금의 넓은 포장도로로 황토재를 넘었을까요?"

"글쎄요. 황룡사에서 우리 마을 뒤로 연결되는 오래 전부터 산길이 있는데 지름길이지요."

얼마 전만 해도 하동과 사천에 우시장이 열리면 수십 마리 소를 황룡사 옆 산길로 몰고 넘나들었고 북천중학교가 생기기 전에는 여의마을 바로 아래 횡천중학교로 학생들이 떼를 지어 산길로 통학하였다 한다.

길은 마을들을 최단거리로 연결한다. 시대적으로 허락하는 여건에

의한 최단거리이다. 산길은 인마가 걸어 넘어 가장 낮은 골짜기로 길을 잡는다. 소가 웅크리고 누워 잠자는 형상이라 수우재로 불리었다. 수레로 짐과 사람을 실어 나르게 되자 경사도를 낮추고 길을 넓히는데 토질이 황토라 황토재로 된다. 자동차가 증가하니 걸어서 넘는 산길은 흔적이 없어졌다. 물은 곧게 흐르는 성질이라 물길 역시 변한다. 이는 자연적인 현상이다.

조선 중기에 섬진강 뱃길이 있는데 수우재(황토재)를 돌아 넘는 넓은 길이 있었겠는가. 이충무공은 권율장군 휘하로 가는 길에 하동읍성에서 2일간 지친 심신을 치유하고 주교천을 따라 올라가 우곡리를 지나 지금의 황토재 마루까지 올라가지 않은 채, 서촌리에서 능선을 따라 내려가다가 마안산을 우로하고 계명산을 보면서 하산하여 청수역으로 간다.

이충무공이 명량해전을 구상하며 넘었던 황토재 옛길을 복원하자. 애민의 길을 생각하는 명품길이 될 것이다.

정안봉에 맴도는 사모곡

어머니가 자식을 걱정하는 마음이야 시작은 있을지언정 끝은 없다. 혹시나 먹는 것이 태아에 해롭지 않을까. 정서를 불안하게 하지 않을까 조용히 말하고 좋은 것만 가려서 듣는다. 제 때 오지 않으면 잠 못 들며 무사하기를 기원한다.

고려 시대 출장이 잦아 홀로 계시는 어머니에게 안부와 귀가를 알리는 방법으로 무엇이 있었을까. 사방이 잘 보이는 산 정상에 집을 지어 어머님을 모시고 출타하면 낮에는 연기로 밤에는 불을 피워 알렸다. 누가 어디서 그렇게 했느냐고 묻는다면, 정안과 그의 어머니이며 그 곳은 양보·횡천·적량면에 걸쳐있는 정안산이라고….

보부상의 애환을 담은 소설 『객주』에서 정안산을 소개하고 있다.

그들은 도선목 휘장을 친 팥죽집에서 대강 허기를 끈 다음 두치장터를 떠났다. 시오리 남짓한 하동 부중을 지나서 횡천강을 건넜다. 그 강을 건너면 정안산성이 바로 올려다 보였다. 파발이 진주목사에게 간다면 이 길밖에 없었으므로 허탕을 칠 사단이야 생길 리 없었다.

소설 『천강에 비친 달』에서,

세종이 강무를 나왔다가 산골짝 오두막집 처녀가 내놓은 희우차로 인연이 된다. 대궐에서 데리려 나온 사헌부 감찰(정현)은 처녀에게 "나는 내 선조가 고려 때 팔만대장경을 만든 鄭(정)자 晏(안)자 할아버지라는 사실을 숨기고 사느니라. 그러니 너도 너의 아버지가 스님이라는 사실을 함부로 말해서는 안 될 것이니라."

정안이 팔만대장경 제작을 후원하였다는 사실은 『고려사』에 나온다. 당시 최고 권력자였던 최우가 대장경 조성비의 반을 내고 나머지는 처남이었던 정안이 부담하게 되었다. 고려는 고종 19년(1232) 몽고의 침략으로 초조대장경이 불타버리자 대장도감과 분사대장도감을 설치하였다. 분사의 위치는 남해로 추정되는데 경판으로 사용되는 목재(산 벚나무, 돌배나무)의 특성을 살리기에 적합한 장소이기 때문이다.

정안은 고려 후기의 무신으로 하동에서 태어나 일찍이 과거에 급제한다. 음양, 산술, 의약, 음률에 정통하였으며 진양 수령이 되었으나 어머니가 연로하다는 이유로 사직한 후 고려 고종 2년(1215) 노모를 봉양코자 전망 좋은 정안봉에 성을 쌓고 별장을 지었다.

이순신 장군은 1597년 1월 28일, 삼도수군통제사에서 파직되고 3월

4일 한양 의금부 옥에 갇혀다가 27일 만에 옥문을 나와 경상도 초계에 있는 권율 장군 밑에서 백의종군하러 길을 잡는다. 어머니는 한양으로 아들 면회 갔다가 석방되었다는 소식을 듣고 배를 타고 돌아오다 세상을 떠난다.

이충무공은 『난중일기』에 20차례 어머님을 그리워하는 기록을 남기게 된다.

> 4월 13일 맑음. 순화가 배에서 와서 어머님의 부고를 전했다. 달려나가 가슴을 치고 뛰며 슬퍼하니 하늘의 해조차 캄캄해 보였다.
> 7월 9일 맑음. 이 밤은 달빛이 대낮같이 밝으니 어머니를 그리며 슬피 우느라 밤늦도록 잠을 이루지 못했다.

벼슬도 접고 어머님을 정안봉에 모시어 출타 시에도 옆에 있는 듯 안부를 전했을 정안, 이충무공은 어머님의 장례도 치루지 못하고 정안봉 불빛을 올려다보며 무슨 생각에 잠겼을까.

양단수

文章(문장)에는 소리가 있어야 한다. 마치 대화를 나누듯 부드러워야 한다는 의미이다. 더 중요한 것은 울림이라 할 것이다. 글안에 담겨 있는 글자 하나하나가 읽는 이의 마음을 때려 울림을 만들어 낼 수 있어야 한다. 울림을 강화시키는 요인으로 공감이라 할 수 있는데 실로 공감을 극대화 시키는 예로써 교가 제창을 꼽을 수 있다.

옥산 아래 일제 강점기에 질 좋은 고령토를 보관하기 위하여 터를 다져 기둥을 세우고 지붕을 얹었는데 해방 이후 운동장이 되고 교실이 되어 옥종중학교가 되었다.

교가에 '엎드려 덕천강은 양단수 줄기'라는 구절이 있다. 줄기란 잇대어 뻗어 나가는 물이나 산 따위의 갈래를 말하는데 양단수는 무슨 말일까.

덕천강의 발원을 조사하고 봉숭아꽃에 관련된 시조에서 그 답을 얻을 수 있었다. 德川江(덕천강)은 지리산의 강이다. 천왕봉을 중심으로 제석봉과 촛대봉을 거쳐 삼신봉에 이르는 남부능선이 만든 고운동 계곡에서 흘러내린 물 그리고 중봉에서 갈라져 나온 구곡산 능선과 내원골의 물이 모여 만든 강이다.

> 두류산 양단수를 녜 듣고 이제 보니,
> 도화 뜬 맑은 물에 산영조차 잠겼에라.
> 아희야, 무릉이 어디메뇨, 나난 옌가 하노라.

위 시조는 남명 선생이 덕산에 들어가 지은 두류산가로 전해진다. 초장의 '두류산 양단수'에서 양단수는 내대천과 삼장천이 합해진 물로서 양단수로 태어나게 된다. 즉 하천이 합해지면 이전의 하천은 끝나게 되는데 이 지점을 端(단)이라 하고, 두 개 하천의 합수지점은 兩端(양단)이 된다. 그 위치는 산천재 마당에서 위로 보아 평평한 강의 시작점이다.

남명 선생은 61세부터 산천재에서 후진을 양성하여 임진왜란이 일어나자 전국에서 처음으로 의병을 일으킨 홍의장군 곽재우 등이 있다. 山天(산천)이란 주역의 대축계로 굳세고 독실한 마음으로 공부하여 날로 그 덕을 새롭게 한다는 뜻이다.

처마 안쪽에 농부와 소를 畵材(화재)로 벽화가 있다.

제자가 벼슬길에 나간다고 하니,

"저기 밭가는 소한마리를 끌고 가라"

소처럼 우직한 걸음으로 만리를 간다는 牛步萬里(우보만리)가르침을 잘 실천한 이는 정탁이다. 초년에는 변변치 않다가 만년에 이조판서를 3번이나 하고 75세 좌의정에 올랐다. 1597년 이순신이 전장에 나아가지 않았다는 죄목으로 한산도에서 압송되었을 때 이순신을 변호하는 상소문을 올려 백의종군에 이르게 하였다.

산천재 앞을 흐르는 덕천강은 양단수 줄기로 남명 선생의 정신이 녹아 흐르고 있다. 교가 가사로 매우 적절하고 부르면 공감이 확산 될 것으로 기대된다. 학교 특색사업으로 '교가 부르기'를 하면 어떨지.

옥산, 한국의 무이산

옥산은 낙남정맥의 기가 서린 명산이다. 하동 옥종의 청룡·양구·정수리에 걸치며 동쪽으로 넓은 들판과 그 너머 덕천강이 흐르고 있다. 옥산은 진산이라 정상에서 제사를 지내고 섶을 태우면 비가 오고 석실과 철마가 있었다고 전한다.

옥산에는 마르지 않는 샘이 있다. 내옥샘에서 발원하여 청수로 흘러내리다 지상으로 나와 온천을 이루며 재 넘어 평원에 자리한 옥산샘은 해송 밭을 거쳐 농바위 지나 청룡으로 흐르고, 정자나무 아래 도토리샘은 산짐승 목추기기에 적당하며 정상아래 너더랑샘에서 퐐퐐 쏟아내는 청정수는 산제당을 지나 양구로 찾아든다.

항상 샘물이 흘러 만물에 생기를 주며 산나물이랑 열매로 풍요를 주고, 자색의 한복으로 곱게 차려 입고 앉은 어머니인 듯 옥산, 옛 사람은 이 산에 어떻게 노래하였을까.

64년을 살면서(1877-1941) 심성의 수양과 자연에의 친화, 우주 조화에 순응하는 내용의 한시와 지역을 중심으로 서부 경남 선비들의 회합, 교유하던 이들의 죽음을 애도하는 만사 등을 후손(하계동)이 모아 『국역 옥천유고(하경규 저)』로 태어났는데 옥산의 유래 및 빼어남을 읊은 글들이 있다.

이운곡과 옥산에 올라

옥이 쌓여 있으면 산이 빛나
마치 값을 기다리는 듯
푸르른 봉우리 천 길 우뚝이 솟았도다.

'옥이 쌓여 있으면 산이 빛나'라는 표현은 명나라 주영의 시 〈잡영〉 에서 玉藴山含輝(옥온산함휘) 즉 '옥이 쌓여 있으면 산이 빛을 머금는다'를 빌어 왔고 玉(옥)과 山(산)자를 따서 玉山(옥산)이 되었다.
'마치 값을 기다리는'의 구절은 자공이 공자에게 "좋은 옥이 있다면 상자에 넣어서 보관해야겠습니까? 좋은 값을 구해서 팔아야 하겠습니까?"
"팔아야지. 팔아야지! 나는 그 값을 기다리는 사람이다"라는 문답에 비유하여 옥산은 옥으로 된 산이라 찾아 후회 없는 명산임을 강조한다.

이경숙과 함께 옥산의 산방에 올라

紫玉山(자목산) 사이로 푸른 옥이 흐르는데,

부슬비에 길게 뻗은 안개는 저 해오라기에게 맡겠노라.
무이산 풍경을 절로 먼저 구했네

무이산은 중국 복건성에 위치하는 으뜸 산이다. 동주에서 공자가 나왔고 남송에는 주자가 있으니, 중국의 '옛 문화는 태산과 무이로다'라고 하였다. 공자가 태산에서 유학을 창시하였듯 주자는 무이산에서 주자학을 성립하였다는 말이다. 저자는 옥산을 보고 '무이산 풍경을 절로 먼저 구했네'라 하여 옥산 아래에서 많은 인물이 배출되고 그 학문의 격이 높다고 하였다.

옥산에는 근래까지 정상 바로 아래 우물과 웅덩이가 있었다. 마시거나 목욕을 하면 몸과 마음이 치유되어 찾는 사람이 끊이지 않았다. 석실은 진인의 수도 장소이고 또는 철마는 진인의 애마로 한 스토리텔링의 좋은 소재이다. 옥산에 석실과 철마를 찾는 날이 오기를….

옥산에 담긴 지명

지리산의 한 줄기가 남으로 뻗어오다 하나의 점으로 태어나 우뚝 솟은 옥산, 자애로운 미소를 띠고 그윽이 내려다보는 엄마 같은 산!

옥산에 관하여 『하동군 인문지리변천사, 2009년』에서,

옥산은 지리산의 한 갈래가 서쪽으로 구부러져서 동쪽으로 이 산이 되었다. 기우단이 있다.

『옥종 면지, 2000년』에서,

옥산은 지리산의 한줄기가 뻗어 나와 청수리 앞산 줄기를 따라 백토재를 건너 한 줄기는 사천과 고성을 만들어 놓고, 더 나아가서 통영의 착량목을 건너 미륵도까지 굽이 쳤으며, 다른 한줄기는 함안, 김해까지 갔다

옥산(614m)은 그렇게 높은 산은 아니지만 사방이 탁 트인 뛰어난 조

망 권을 가지고 있다. 쾌청한 날이면 북쪽으로 구곡산과 그 뒤 지리산 천왕봉·웅석봉, 서쪽으로 칠성봉·구재봉·분기봉, 북서로 삼신봉, 남으로 이명산·금오산. 저 멀리 남해바다가 시야에 들어오고 동쪽 발밑에 양구마을이 있고 덕천강이 병천 들판을 적셔주고 있다.

옥산은 단비를 내려주는 산이다. 일찍이 옥산에는 기우단이 있다고 하지 않았던가, 가뭄에 쩍 갈라진 논바닥에 비 쏟아지는 모습은 장관이고 그 소리는 생명의 소리가 아니던가. 근년까지 옥산봉 바로 아래에 웅덩이 있어 기우제를 올리기 위하여 몸을 청결히 하였을 것이다. 옥산은 자애로운 산이다. 사람을 다치게 하거나 산짐승으로부터 해를 입히지 않는 산이며 백성을 구하기 위하여 말 탄 위인이 나타나 말이 바위를 박차고 날았다는 말발굽이 남아 있는 장수바위가 있다.

산이 있는 곳에 사람이 살고 사람 사는 곳에 어찌 산이 없겠는가. 사람에게 성명이 있다면 산에는 지명이 있다. 양구마을에서 옥산을 바라보아 정상을 머리로 하고 좌우측에 어깨형상의 봉우리가 있어 좌우 어깨봉 또는 상봉, 중봉이라 한다.

재 너머에서 우로 돌아 조금 내려오면 옹달샘이 있는데 도토리샘이라 한다. 이어 곧바른 길로 내려와 숨을 고르는 쉼보탐이 있다. 더위가 한풀 꺾일 때까지 소는 되새김으로 한가로이 오후를 즐기며 목동들은 놀이로 정신이 없고 어른들은 농사 정보를 교환하는 휴게소이다.

옥산샘에서 좌측으로 조금가면 국사봉이고 아래로 해송밭 속으로 한참 내려가면 포개진 바위가 있어 족히 타작마당 크기의 농바위가 있다. 다시 상봉에서 우측 능선을 따라 내려오면 바위 두개가 계단을 이루고 있어 뛰는 바위 또는 담력 바위라 하며 아래로 여시골이다.

이외 옥산이 담고 있는 지명으로 너더랑, 산제당, 호랑이바위, 불장터,재갓등, 산태골, 수리치밭, 외철룡, 내철룡, 노등, 안새미등, 바깥새미등, 사기등, 제전등, 장음등, 엉거리, 정자등, 노하등, 육칠등, 암자등, 내옥샘, 대현등….

세월에 따라 나무와 숲은 무성해지고, 찾는 이 드물어 옥산에 담긴 지명은 흐릿해 진다. 흔적은 세월에 묻혀 사라지는 법, 그 자취 영원히 흩어지기 전에 옥산의 지명을 기록관리 해야 하지 않을까. 아울러 수목의 종류 및 생태계를 정기적으로 조사함도 긴요하다.

※ (글쓰기에 도움을 주신 분 : 옥종면 양구리 안상영, 안중갑, 양구이장 안문호)

옥진학교

지금부터 40여 년 전, 옥종 청수교에서 양구로 가는 국도를 따라 가다보면, 경사도가 작은 오르막으로 이어지고 중간쯤 청수이용소가 있었다. 고개 마루에 허리 높이의 기단에 비두는 둥글고 비신은 사각 기둥이며 비면은 돌이끼로 덮여 태고의 비석을 보는 듯하였다.

비밀의 문으로 들어가는 문자를 발견하고자 나뭇가지로 털고 닦아도 글자 역시 세월에 쓸리고 비바람에 마모되어 판독하기 어려웠다. 한참을 탐색하여 어렴풋이 ○○學校設立(학교설립)○○○라는 글귀를 읽을 수 있었다. 어, 이곳에 학교가 있었단 말인가! 라는 탄성과 함께 세상이 깜짝 놀랄 발견이나 한 듯 흥분되었다. 교직에 몸을 담아 시간이 빠르게 지난 후 비석이 없어진 것을 알고 기록을 하지 못함을 애통해 했다.

『옥종초등학교 어울 한마당 축제(2012년 4월 29일)』에 기고한 장일영

(옥종초, 21회)의 〈옥종초등학교 개교 앞뒤 이야기〉를 읽고 기억에서 사라졌던 교적비의 내력에 대하여 추정할 수 있었다.

경남일보(1910년 4월 17일, 5월 6일)의하면,

> 사립 옥진학교가 개교하였다. 하동군 정수면 사립 옥진학교는 그곳 신사 정기영 등 여러 사람이 설립하였는데 4월 17일에 개교식을 가졌다고 한다.
>
> 학교 방해자, 하동군 정수면 청수동 거 정기용 정기영, 정수영 제씨가 포은 정 선생의 영당에 옥진학교를 설립하였는데 그 중, 정덕용 정봉기 등은 선현 영당에 학교 시설이 불가한 의견으로 서로 트집을 잡아 비난하고 있다더라. 이 같은 반대 여론은 수그러들지 않았다. 그리하여 포은 선생의 영정을 동곡으로 옮겨 봉안하는 일까지 벌어지게 되었고, 나중에는 학교를 마구당 고개로 옮겼다.

『옥종면지』에 따르면,

옥진학교 개교 초기에 학생 수는 43명에 이르렀으나 영당 사용 논란으로 학생이 절반으로 줄어들었으며, 1913년 제1회 졸업생으로 6명을 배출하였고 1914년 3월 제2회 졸업생은 2명이었다. 1927년 9월 1일 일제에 의해 옥동공립보통학교가 설립되어 옥진학교에서 개교식을 거행함으로써 옥진학교는 문을 닫게 되고, 1928년 9월 1일 청룡리 신축교사로 옮겼다. 이 시기에 옥진학교 교적비를 세운 듯하다.

영당에서 양구 사이의 고개를 마구당이라 하고 1914년 운곡·정수·북평면을 묶어 옥산의 동쪽이라 玉東面(옥동면), 가서면과 종화면의 '가'

와 '종'을 합하여 加宗面(가종면)이라 하였고, 1929년 옥동면과 가종면을 합하여 玉宗面(옥종면)으로 불리게 되었다.

마구당 고개에서 18년간, 이 지역 교육의 횃불을 밝힌 옥진학교의 역사적 사실은 알려져야 한다. 축대로 누워있을지 모르는 교적비를 찾아 현장에 세우자.

비석은 기념물인가

진주에서 하동으로 일반국도 2호선을 따라 60리 정도 가면 협곡을 만나고 급격한 곡선 길을 벗어나 직선 길로 접어들자 웰빙 휴양시티 하동, 쌍계사 52km, 백련도요지 22km 등의 이정표를 만나게 되고, 북천과 옥종의 갈림목 조금 못 미쳐 눈에 띄는 비석이 있다.

차를 세우고 가까이 다가갔다. 전면에는 「孝子通政大夫… 紀蹟碑」(효자통정대부…기적비)이 음각되어 있다. 비문이 한글과 한문 혼용으로 되어 있다.

孝(효)는 百行(백행)의 根本(근본)이니 효성이 至極(지극)한 사람에 대하여 鄕黨(향단)과 邦家(방가)에서 當時(당시)는 勿論(물론)이요, 後代(후대)에 길이 傳(전)하면서 推仰(추앙)하고 尊重(존중)하여…. 晋州大也面虎洞(진주대야면호동)… 저녁에 잠자리를 살피고 아침에 문안드리기를 하루도 거르지 않더니 그 아버님이 천식을 앓으매 온갖 약으로 다스려도 백약이 무효라 밤마다 하늘에 빌어 마지않았는데 의원이 말하기를 벌꿀을 많이 복용하라 하므로 이것을 얻기 위해 晝夜(주야)로 근심하던 중 별안간 벌떼가 날아와 모이거늘 거두어 길러 꿀을 떠서 三년을 복용하니 병이 차차 나아 氣力(기력)이 回復(회복)되었다고 한다. 고을 사람들이 이르기를 至極(지극)한 효성에 미물도 感動(감동)하였다고 하다.

이 비석을 통하여 예전에는 이 지역이 대야면 호랑이 마을이고, 부모님에게 조석으로 어떻게 대하며 천식에는 벌꿀이 효과 있고 지성이면 벌도 감동한다는 것을 알 수 있다.

빙옥마을 앞을 지나 8리 정도 가면 북천면 서황리 중촌교가 나온다. 다리 앞쪽에 흙 담으로 울타리를 하고 돌을 다듬어 4개 기둥으로 석재로 지붕을 하였다. 그 안에 「孝子金海金公諱○○之碑」(효자금해금공휘○○지비)가 있는데 비 뒷면에 내력이 새겨져 있지만 공간이 협소하여 몸을 틀고 들어가기도 어렵다.

중촌교 건너면 돌로 다듬은 사각의 울타리 안에 2단의 받침대 위에 거북을 기단으로 「竹塘崔先生事蹟碑」(죽당최선생사적비)가 있고 좌우에 석등, 사자가 버티고 있다. 이 비석은 큰 규모라서 고개를 뒤로 젖히고 한참 바라보아야 한다.

중촌교를 다시 건너 곤양천 따라 오르막길로 조금 가면 화정을 만나고 백토고개를 넘으면 옥종면이다. 정수를 지나 양구 입구에 돌로 된 사각의 울타리 안에 3단의 받침대 위에 기단을 거북으로 「通政大夫世子侍講院輔德 知足堂趙之瑞先生事蹟碑」(통정대부세자시강원보덕 지족당조지서선생사적비)가 있다. 옆에 안내판이 세워져 있고 한자마다 바로 아래에 한글로 토를 달아 누구나 읽을 수 있다.

이 비는 이 고장이 배출한 수많은 인물 중 조선 성종시대 충절뿐 아니라 학문과 경륜이 뛰어나 명망을 크게 얻은 지족당조지서선생사적비이다.

사적비만이라도 대로변에 건립하여 옥종을 찾는 많은 분들로 하여금 선생의 행적을 본보기로 삼아 오늘날 교육을 되살리는데 도움을 주고자 하며 비문의 내용을 상세히 알고자 하시는 분은 길 건너 옥종주유소에 비문책자가 있사오니 활용하시기 바랍니다고 하였다.

비란 사적을 기념하기 위하여 돌이나 쇠붙이 또는 나무 따위에 글을 새기어 세워 놓은 것이다. 효행을 알 수 있는 비는 효자비가 되겠지만 내용을 알 수 없다면 기념물이 된다.

요즘은 나들이가 수월하다. 오늘의 청소년들은 한자를 어려워하는 세대이다. 판독 못하는 기념비 앞에서 필체나 살피고 서너 바퀴 둘러보는 것은 기념물에 대한 관람은 될 수 있지만 그 속에 담겨있는 문화유산을 접하지 못하는 아쉬움이 있다.

칠송정

옥종면 동곡마을 입구에 정자나무 한 그루, 수 백 년을 여전히 그 자리를 지키고 있다. 가지 틈새로 비바람 스며들어 속살은 녹아내리고 몸통 껍질이 벗겨지는 등 세월에 지친 모습이 역력하다. 마을 노인에 의하면 정자나무는 신작로 생기기 전까지 우마의 고삐를 매는 기둥이 되고 지친 길손에게 그늘을 제공하였다고 한다.

정자나무 아래 주차하고 마을회관을 돌아 노송 사이를 지났다. 동곡과 삼장을 연결하는 확장 포장공사가 한창인 산길로 접어들어 대밭이 끝나는 지점에서 멈추었다. 좁은 길을 따라 걸음 수를 세며 걷는다. 한참 지나 고개를 들고 보니 비탈진 기슭에 봉실 솟은 흙무덤이 보인다.

두개의 비석 있어 하나는 이끼에 가려 읽을 수 없고, 오석에 「贈都承旨林川趙公之瑞 配淑夫人延日鄭氏之墓」(증도승지임천조공지서 배숙부인연일

정씨지묘)」로 새겼다.

조지서 호는 지족당이며 하동 옥종에서 감찰 조찬의 아들로 단종 2년(1454년)에 태어났다. 생원·진사시에 모두 장원하였고 중시에도 장원하여 그가 살던 곳을 삼장원동이라 하였다.

성리학을 국시로 삼은 조선은 교육에 대한 열정이 대단하였다. 세자시강원을 두어 세자 교육을 시켰는데 최고 책임자를 사부라 하였다. 영의정은 師(사)가 되고 좌의정과 우의정 중 한 명이 傅(부)라 하였다. 아래에 이사로 종1품 찬성이며 겸직이다. 종3품 보덕 이하 정7품 설서까지 5명은 전임으로 모두 문과에 급제한 실력파들이다.

연산군이 세자 시절 조지서는 보덕, 허침은 정4품 필선이었다. 세자는 공부에 관심이 없어 강의를 해도 모두 귀 밖으로 듣자 조지서는 책을 던지며 "임금께 아뢰겠다!"고 꾸짖었고 반면에 허침은 부드러운 말로 타일렀다고 한다. 예나 지금이나 절대적으로 옳은 교수법은 없다. 조지서·허침式(식)의 교수법이 연산군의 행동유형에 끼친 영향 등을 연구하여 오늘에 되살리는 것은 좋은 사례가 될 것이다.

조지서는 제자였던 연산군이 왕위에 오르자 창원 부사를 희망하여 지방으로 내려왔다가 곧 사직하고 초야생활을 한다. 인근 덕천강변 경치 좋은 장소에서 낚시를 하며 시름을 달랬는데 그곳에 아들 조정이 정자를 지어 칠송정(七松亭)이라 했다. 남명 조식 선생은 1558년 4월 11일부터 4월 26일까지 두류산 유람을 하고 글로 남긴 『유두류록』

에 칠송정을 언급하고 있다.

4월 25일 역관에서 아침밥을 먹고 칠송정에 이르러 상고대에 올랐다가 다회탄을 건너서 일부 헤어지고 뒷날 이희안과도 이별을 했다.

갑자사화가 일어나 말이나 행동이 도리에 어긋나고 오만하다는 죄목으로 죽음을 당하니 향년 51세이다.

50여 년을 거슬러 올라가면 노송 일곱 그루가 하늘을 가리며 그 사이에 칠송정이 있었다. 1972년에 시작하여 3년 공사로 칠송보(七松洑)를 설치하니, 일곱 소나무는 베어지고 정자는 흔적조차 없어졌다. 최근에 강 따라 길을 높여 이충무공백의종군로로 단장되어 이충무공 탄신일 즈음하여 학생들의 역사탐방 행군길이 되고 있다. 물론 연인들 즐겨 찾는 덕천강 둘레 길로 인기가 높다.

洑(보)에서 위쪽으로 둘레길 따라서 걷다보면 태평골 못 미쳐 강의 상하류를 깊게 볼 수 있는 전망 좋은 공간이 있다. 여기에 정자를 세워 칠송정이라 하면 어떠할까.

삼무정

청수(淸水)라는 지명에서 예언을 한 듯 온천수를 개발하였다. 맑은 물에 심신을 충전시키고 핸들을 잡는데, 복 주머니인 듯 자연석에 깊게 새긴 三壯洞(삼장동)의 글자가 눈에 들어온다. 끌리듯 접어들어 등을 넘고 내려가니 대나무 사이로 집들이 모여 삼장마을이다.

좁은 골을 한참 내려가자 연못이 펼쳐진다. 건너 수문 쪽에 용틀임 자태에 양산을 펼친 듯 노송은 천년의 향기를 풍기고 있다.

亭子(정자)가 있다. 적막한 깊은 골, 연못 가운데 사극 촬영이 끝나 휴지만 바람에 날리는 영화세트, 시간이 멈춘 공간인 듯 으스스한 기운이 주변을 감싼다. 저수지 바닥에 기둥을 세운 팔각 정자로 발걸음을 옮기는데 널빤지 다리에 한 발을 딛자 '푸드득'하며 다리 그늘에서 한낮의 땡볕을 피하고 있던 물새가 날아 파문을 일으킨다. 정자에 오르자 미세한 진동에 반작용인 듯 개구리 '첨벙' 하며 물속으로 뛰어들고, 그 소리에 물고기는 치솟아 비늘을 보이다가 잠수하고, 한 떼의 바람은 연꽃을 흔들며 지나간다.

목침을 베고 누웠다. 연신 잠자리가 저공비행을 하니 파리와 모기는 숨었고, 개미는 아예 정자 접근을 포기하였는지 한 마리도 없다. 아, 三無(파리·모기·개미) 정자라 하겠구나! 느낌 좋은 정자에 어울리는 이름이라도 내걸면 좋으련만. 삼무정 또는 불무정, 연지정은 어떠할까.

처마 옆으로 흘러가는 구름을 보다가 잠에 빠져드는데 개 짖는 소리에 몸을 일으키니 모시옷에 부채를 흔들며 노인이 건너오신다. 동네 내력을 이야기 해 달라고 했다. 이곳 불무동에 소씨가 많이 살았다. 왜구를 물리치기 위해 인근에 고성산성을 축성하고, 무기를 제작하여 비상시를 대비하는 등 씨족의 아성으로 되었고, 고관대작이 배출되어 세력이 방대해졌다. 심지어 하마비를 세워 길손에게 횡포가 심하였는데, 곤양군수가 부임길에 곤욕을 당하자 나라에서 지관을 보내 마을의 물길을 돌렸고 종가의 저택을 파헤쳐 지금의 연못이 되었다 한다.

경관이 빼어나고 동네 요지에 정자가 많이 생겨나고 있다. 농사정보를 교환하고 동네 대소사를 의논하던 사랑방에서 정자로 이동한다. 바야흐로 사랑방 문화가 정자 문화로 접어들고 있다.

정자는 자연과 인간을 연결하는 장소이다. 스치고 지나갈 것을 정자가 있어 쉬면서 둘러보고 이야기를 나눌 수 있다. 이름이 있다면 한 번 더 보고 음미하게 될 것이다. 정자마다 이름을 붙였으면.

모한재

초등학교 시절 가을소풍으로 안식골은 예약된 장소이다. 기다리던 '땡 때앵' 종소리를 신호로 운동장에 모여 유난히 긴 교장선생님의 말씀을 귓전에 듣고, 담임선생님의 호루라기 소리에 교문을 나선다.

오늘따라 친구의 왼쪽 어깨에서 오른쪽 허리로 잡아맨 두툼한 도시락 보자기와 볼록 나온 배가 묘하게 앞뒤 균형을 이룬다. 저 보자기에 무엇이 들었을까? 만지려 걸음을 재촉하지만 수박 같은 머리통이 점점 멀어만 간다.

안계교 건너 왼쪽으로 하천을 따라 산악행군이 시작되고 안계부락이 끝나는 지점에서 산굽이 돌아 안식골로 접어든다. 컴컴한 산속이다. 계곡물을 징검다리로 건너고 우람한 소나무 숲을 지나야 목적지이다. 하늘을 덮을 듯 은행나무는 노란색으로 단장하고 펼친 부채 닮은 노란 은행잎은 소풍 기념물이다. 수직으로 아슬아슬한 냇가로 내려가면, 소나무 뿌리 사이로 '컬컬'하며 물이 쏟아진다. 이가 시릴 정도의 차가운 샘물이다. 자유시간이 되어야 慕寒齋(모한재)를 찾는다. 이어 보물찾기를 하고 아쉬운 소풍은 막을 내린다.

초등학교 시절을 마치고 40년이 지난 어느 오후, 모한재로 향했다. 안계리 입구에 우람한 세 개의 비석이 맞아준다. 오석을 직사각형으로 다듬고 국·한용 글을 새겼다. 대체 사람들은 왜 돌에 글을 새길까? 돌이 비바람에 마모되어 글자가 뭉개지는 시간이 수백 년이라 내력을 오래토록 전하고픈 바램이리라.

안계마을 머리를 지나 좁은 산굽이 돌아 초등학교 시절 소풍에서 보았던 그 소나무 듬성듬성 자리를 차지하고 있다. 폴짝폴짝 뛰어 건너던 맑은 계곡물, 당시 흘러간 물이 어디쯤 가고 있는지 알 수 없지만 이제는 다리가 놓여 자동차로 건너자 눈에 확연히 들어오는 두 길 높이 너럭바위 가장자리를 3자 높이로 돌을 쌓아 작은 산성인 듯하다.

중심 바위에 우에서 좌로 咏歸臺(영귀대)를 새겨 분위기 예사롭지 않다. 누구의 필체인지 볼수록 가까이 가고 싶고 만지고 싶다. 오랜 전에 새겨 바탕이 바위와 같은 색이라 판독이 어렵지만 깊은 산속 큰 바위에 새겨져 있어 신비한 紋章(문장)이로다!

영귀대 뒤쪽으로 돌로 단을 쌓아 너럭바위와 연결하고 계단을 만들었다. 대략 가로 7미터, 앞뒤로 8미터는 되는데, 청계수가 바로 앞이요, 주변에는 아름드리 적송이 큰 키를 자랑하고 있다. 이곳의 용도가 무엇일꼬? 주변 경관을 보고 시를 짓고 시창을 하던 야외학습장으로 모자람이 없다. 인적이 끊어진 적막한 한나절, 영귀대 위로 뒷짐

전서체의 모한재 편액 글씨와 영귀대 금석문은 미수 허목의 친필

을 지고 거니는 선비들의 영상이 얼핏얼핏 나타났다 사라진다.

은행나무 한그루가 오랜 세월을 비바람에 못 이겨 속이 녹아 시멘트로 채웠다. 학문을 닦는 곳을 행단(杏亶)이라 하니 '杏(행)'은 은행나무를 지칭하는 것으로 공자가 은행나무 아래에 단을 쌓고 제자를 가르친 연유이다. 주자학이 들어오고 수많은 향교와 서원이 건립되면서 은행나무를 심었다. 마치 학교를 열면 교목을 심는 것과 같은 이치이다. 그런데 은행나무는 십리 이내에 암수가 있어야 열매를 맺는다. 따라서 예부터 은행나무는 암수를 심어 조화를 맞추려 하였을 것이다.

모한재 앞에 수령 400년, 수고 12m, 둘레 4.4m 은행나무에 열매를 총총히 달고 옆에 속은 화재로 검게 탔고 표피에 기적적으로 어른목 크기의 은행나무 자라고 있다. 동시에 심었던 은행나무의 2세인 듯하다.

모한재는 조선시대 도학자인 겸재 하홍도(1593~1666) 선생이 1635년에 창건하였다. 성균관 유생이 되어 동료들의 존경을 받았으나 광해군의 실정을 개탄하여 벼슬길을 단념하고 고향에 돌아와 오로지 경사

연구와 후진양성에 힘썼다. 특히 학문과 덕행이 뛰어난 당대 명사들과 두루 교유하였으며, 특히 미수 허목과 도의지교를 깊이 나누었다.

道光門(도광문)을 지나 본채 중앙 마루 위에 慕寒齋(모한재)라는 현판이 있다. 희귀 서체를 보는 것으로 먼 곳까지 발품을 보상받고도 남는구나!

사림산 두 줄기가 동쪽으로 내려 안식골을 이루고 가운데로 청계천이 있다. 왜 모한재는 남향으로 자리 잡지 않았을까? 선호하는 집터는 배산임수라 북풍을 막아주고 앞으로 물이 흐르는 위치가 겨울에는 덥고 여름에는 시원한 터이다. 맞은편에 남향으로 큰 집을 지을 길지가 있건만 왜 응달진 곳에 터를 잡았을까!

모한재는 예외적인 이름이라 할 것이다. 慕(모)자는 '마음에 모습을 회상한다'는 뜻으로 그 대상이 연인이거나 부모를 연상할 수 있겠다. 그 마음은 따뜻함인데 왜 차가운 모습을 생각하는 집이라고 했을까?

주자의 한천정사를 사모했기 때문이다. 주자는 1169년에 어머니가 세상을 떠나자 건양에 있는 후산의 천호에 장사를 지내고 한천이라 하였다. 이곳에 寒泉精舍(한천정사)를 짓고 살면서 주자가례, 근사록 등을 지었다. 겸재 선생은 빈한한 선비가 세상 먼지를 훨훨 털어 버리고 냉천에 살면서 도를 구하고 자연을 즐기며, 후학을 양성하는 이상적인 입지에 집을 지어 모한재라 한 것이다.

수백 년 은행나무 한그루, 그 옆에 상처를 치유하고 새로운 생명이 자라며, 영귀대라는 전서체를 보며 탁본도 하고, 환경에 적합한 야외 학습장, 모한재의 내력에 대한 안내판을 설치하면 명품 교육장이 되고 남을 것이다. 희귀한 서체들! 제비집으로 가려지고 비바람에 흔적이 없어질까 걱정이다.

똥뫼

옥종 병천리 하천에 계란을 세워 반쪽 크기 모양의 봉우리에 어떤 전설이 있는가.

어느 날 모녀가 냇가에 빨래를 하고 있었다. 산이 멈칫멈칫 떠내려 온다. 이상한 예감에 처녀가 고개를 들자 깜짝 놀라 "엄마, 엄마! 산이 움직이네"라고 외쳐 바라보자 지금의 자리에 멈춰 똥뫼가 되었다 한다.

동뫼는 움직일 동(動) 또는 동네 동(洞)에 산이라는 뫼를 합성하여 불리다가 된소리의 똥뫼로 되고, 생김새를 본 따 알산(卵山)이라 한다. 남명 선생의 제자들이 임진왜란 전에 이곳에 단을 쌓아 공옥대라 하였고 24현이 손을 모으고 옥산을 바라본다는 공옥산(拱玉山)이 된 것으로 사료된다.

똥뫼라는 단어는 여러 지역에서 볼 수 있다.

우리 마을 한가운데 왕 무덤처럼 우뚝 솟은 똥뫼(동산)를 푸르게 덮고 있는 소나무에도 까치집이 그물뭉치처럼 곳곳에 매달려 있었다.

– (오마이뉴스, 2003. 1. 24.)

도망가던 아들은 헉헉대며 잠시 똥뫼에 주저앉는다. 하얀 찔레꽃으로 가득 덮인 똥뫼. 흔히 뒷동산을 똥뫼로 여기겠지만 나에겐 특별한 똥뫼가 있다. 그 산은 산이 아니고 큰 무덤이었다.

– (똥뫼에 피던 찔레꽃을 닮은 산, 월간 『마운틴』 7월호)

똥뫼에 대한 전설을 살펴보자.

고려 중엽 큰 홍수가 나서 강원도 정선 땅에 있던 산봉우리 3개가 떠 내려와 지금의 삼봉자리에 놓이게 되었다. 정선 관아에서는 도담리에 그 바위가 있음을 알고는 이곳 사람들에게 매년 세금을 받아 갔다고 한다. 소년이 세금을 받으러 오면 자기에게 알려 달라고 하였다.

"이곳에 있는 삼봉이 정선에서 떠내려 온 것이라면 우리가 떠내려 오라고 한 것도 아니요 제 멋대로 떠내려 온 것인데 우리에겐 소용이 없으니 그렇게 중한 것이면 도로 가져가시지요."

관리들은 아무 말도 못하고 돌아갔다고 한다. 그 소년이 조선 개국공신이 된 삼봉 정도전이다.

옥종 똥뫼에 대한 이어지는 이야기로,

매년 순천관가에서 똥뫼의 사용료를 받았는데 동네 사람이 부당하지만 해결책을 몰라 고민 중 해결하겠다는 소년을 동네 이장이 징세관과 만나게 해주었다.

“이 산을 순천으로 가져가셨으면 합니다.”

“밧줄로 산을 매어 주면 내가 가져가겠네.”

산의 윗 부분을 묶어 그 끈을 징세관의 손에 쥐어 주자 가만히 밧줄을 놓고 동네를 떠났는데 그 이후로는 세금을 받으러 오지 않았다고 한다.

과연 공옥산은 순천부에서 떠밀려 온 산인가.

옥종에는 풍수 지리적 지명이 많다. 옥산봉에 올라보면 양구 앞산은 입항하는 배의 형상이고 향하는 곳은 옥종중학교이다. 아래로 시선을 향하면 들이 넓어 마치 먼 바다 같아 遠海(원해)이며 섬인 듯 공옥산이 있다.

양구 앞산을 현날로 불린다. 舷(현)은 뱃전으로 배의 양쪽 가장 자리 부분, 날은 연장의 가장 얇고 날카로운 부분을 가리키는 것으로 현날은 배의 옆 부분을 지칭한다. 배는 주포로 향한 것으로 볼 수 있다. 양구 안상영 씨는 “현날 논에 빠지면 해 너머 못으로 나온다”는 말이 있다고 한다. 좌현에 빠지면 배 밑을 지나 우현으로 나오는 것으로 이 지역은 옛날에는 늪지대였고 더 이전에는 물이 흘렀을 것이다.

양구의 옛 지명은 기를 양과 거북 구를 사용한 養龜(양구)이다. 즉 장수하는 바다 생물로 알려진 거북의 서식지이다. 옥산이 자락을 내려 감싸고 있어 거북이 자랄 수 있는 여건을 구비한 길지이다. 청용리는 푸른 바다에 사는 용을 상징하는 지명이다.

舟浦(주포)는 배와 포구의 합성어로 부두라는 말이다. 옥종면지에 원해마을을 바다 위 원범(遠帆)처럼 보인다고 하였다. 원해는 먼 바다로 나가는 돛단배로 연상할 수 있겠다. 지명으로 그림을 그려보면 배가 양구 쪽에서 들어와 중학교 근처에서 정박하고 원해로 나아간다.

이야기의 구성을 위하여 순천부를 도입하여 물길 따라 산이 떠내려 오다가 현 위치에 멈추었다는 것이다.

지하수를 개발하는 안도영 씨에 의하면 병천리 튀어나온 산자락에서 공옥산까지 직선거리에는 6m 깊이에 암반이 있고 옆으로 40미터 지하에서 암반이 받치고 공옥산의 냇가 쪽에는 80미터 깊이에서도 암반이 없다고 하니 병천리 뒷산에 연결하여 돌출한 봉우리라고 한다.

지질학적 측면에서 공옥산은 떠내려 온 산이 아니다. 사람들이 모여 살게 되자 이야기가 되고 전설로 이어 온 것이며 자손이 번성하기 바라는 마음에서 지명에 깊은 뜻을 실었다.

옥종인은 고향에서 심신을 갈고 닦아 대처로 나가 힘써 발휘하고 귀향하여 향토 발전에 이바지 하는 삶을 성공하였다고 한다. 실로 이런 사람들이 옥종에는 넘치고 있다. 똥뫼는 옥종인의 정체성을 생각하게 하는 교훈적인 산이다.

고려시대 하동은 하동군

하동은 산과 바다를 끼어 물산이 다양하고 풍부하다. 하동포구 팔십리는 볼수록 가슴을 뛰게 하며 시시각각 색깔을 달리하는 섬진강 물빛으로 강변 경관은 요지경속의 그림이다. 강산이 이러하다보니 인심이 좋고 인물이 많이 나며 불후의 작품이 탄생하지 않았을까.

하동은 시대에 따라 어떻게 불리고 구역이 어떻게 변했는지를 알아보는 것도 향토 사랑의 계기가 되어 강역의 변화를 정리해 본다.

통일신라 신문왕 5년에 정비된 9주는 일선주·삽량주·청주·한산주·수약주·하서주·사비주·완산주·발라주이다. 다시 신문왕 7년에 사벌·삽량·청주·한산·수약·하서·웅천·완산·무진주로 된다. 9주를 비롯한 신라의 전국 고을 명칭을 경덕왕 16년(757)에 중국식으로 크게 개정되어 하동군은 이때 생겼고 청주는 강주로 되었다. 다시 강주는 혜공왕 12년(776)에 다시 청주라는 지명으로 사용되다가 고려 건국 이후 강주로 고쳐졌다.

통일신라 9주는 오늘날의 도에 해당하며 주청사가 위치한 고을을 뜻하기도 하였다. 또 주 내부에는 주의 치소가 있었던 고을을 비롯해서 수 개의 군과 소경 등 중간 단위의 행정 구역이 있었고 각각 몇 개의 현을 관할하였다. 강주의 관할 영역에는 1곳의 주, 11곳의 군, 30곳의 현, 도합 42곳의 고을이 속해 있었다. 강주 11군 중의 하동군에는 성량현, 악양현, 하읍현의 3개현이 속했다.

하동의 지형은 중국에서 유사한 형상을 볼 수 있다.

장강은 중국 서부의 북쪽에서 발원하여 남으로 흐르다 다시 동으로 흘러 발해로 빨려든다. 동쪽으로 수로를 바꾸는 지점에 하동이 있다. 이는 장강을 기준으로 동쪽에 위치하여 河東이 되었을 것이다. 섬진강이 아래로 흐르다 약간 오른쪽으로 물길을 바꾸는데 그 지점에 위치하여 하동이 되지 않았을까.

중국 하동과 연계되는 사실이 또 있다. 관운장이다.

소설 『삼국지』에 등장하는데 161년 하동에서 태어나 형주싸움에서 패배하여 동오의 손권에게 58세에 죽음을 당했다. 현재 하동읍에는 해량이 있고 관우의 사당이 있었다.

현덕이 고개를 돌려 그 사나이를 보았다. 당당한 9척 장신에 수염의 길이가 두자는 되어 보이고, 얼굴은 무르익은 대춧빛이다.

"내 성은 관, 이름은 우요, 자는 본래 장생이던 것을 고쳐 지금은 운장이라 하는데, 하동 해량이 고향이오."

고려 성종 14년(995년) 전국을 10도로 구획하여 지방관을 파견하였다. 종전의 12목에는 절도사의 직임을 띤 군정 장관을 파견하였는데 강주목은 晉州定海軍節度使(진주정해군절도사)이라는 군정장관에 의해 관할되었다. '진주'라는 지명이 처음 기록에 등장한다.

고려 시대에는 지방관이 파견되어 주읍, 그 관할을 받는 고을을 속읍이라 하였다. 또 목사(牧使)나 도호부사가 파견되는 큰 고을을 계수관이라 하여 여타 주읍과 구분되며 진주는 진주목계로 서부 경남 지역을 통할하는 중심 행정 지역이었다.

고려시대 진주목계에 속한 주읍은 진주목, 합주군, 고성현, 남해현, 거제현이다. 진주목은 속읍으로 2개군(강성·하동군)과 사주 7현을 관할하였는데 하동군은 2郡(군) 중의 하나였다. 그러다가 명종 2년(1172)에 하동군과 사주현에 감무(최하급의 지방관)가 배치되어 진주목의 관할에서 벗어난다.

하동은 고려시대 진주목의 속읍에서 하동군이 되었다.

하동 정명 1260주년

하동(河東),

높은 산과 깊은 골이 있고 계곡물이 모여 강물이 되어 하동포구 80리를 흘러 바다로 들어가는 이곳, 수 백 년 아름드리 소나무가 어우러지고 금빛 백사장이 펼쳐진 조화를 어디서 볼 수 있을 것인가.

목마른 말이 물을 마시려 강으로 고개를 돌린 형상의 갈마산이 물길을 틀어서 하동읍을 보호한다. 하동공원 전망대에서 물길에 따라 시선을 옮기니 섬진강 철교 위로 달리는 철마, 태극 닮은 너뱅이 들판을 보고 강 상류로 시선을 돌려 저 멀리 엳은 물안개 사이로 흘러나오는 강줄기에 눈을 뗄 수 없다.

들여다볼수록 이야기가 이어지는 정겨운 강산, 하동은 섬진강이 생긴 만큼이나 오래되었고 그 물이 마르지 않아 쭉 이어갈 것이다.

사마천의 《사기》에 중국의 하동을 어떻게 소개 될까.

중국의 많은 역사서 중에 하나를 택하라고 한다면 주저 없이, 기원전 91년 사마천이 오제로부터 자신의 당대까지 3000년의 통사를 일목요연하게 기전체로 서술한 사기(史記)를 뽑을 것이다.

사마담은 태사령으로서 정부의 기록 및 일관을 담당하였다. 그는 역대 역사를 정리하였는데 아들 사마천에게 못다 쓴 역사서를 완성하라는 유언을 남긴다. 사마천은 아버지의 뒤를 이어 태사령이 되고 역사를 기록하다가 '이릉의 사건'에 연루되고 한무제 오해로 옥에 갇힌다. 사형에 선고되자 궁형을 자청하여 죽음을 면하고 피로써 쓰는 심정으로 32만 6500자의 사기를 완성하게 된다.

사마천은 지방 순시에 나선 한무제를 수행하여 각지의 민정과 풍속을 살피는 기회를 얻었는데 기원전 113년 1차 군현 순시에 하동을 지나게 된다.

장안→옹(지금의 섬서성 봉양현)→하양→하동군(산서성 하현 북쪽)→분음(산서성 형하현 북쪽)→황하→형양(하남성 형양현 서남)→귀경이다

《초한지》에 나타난 하동을 살펴보니,

진시황이 죽은 이후, 진나라에 의해서 정복당한 각 지역에서 반란이 일어나고 걸출한 항우와 유방이 등장하여 천하의 패권을 다투게 되는 데 초한지는 이를 담고 있다. 그 역사의 무대에 하동이 있었다.

패왕이 된 항우는 다시 분봉에서 위표의 불평과 원망을 샀다. 원래

위표의 근거인 梁(양) 땅을 자신의 서초에 넣고, 위표에게 하동을 주며 서위왕으로 평양에 도읍하게 한 때문이다. 한왕(유방)은 이미 그걸 알고 있었으나 여전히 시치미를 떼며 다시 물었다.

"하동이 梁(양)보다 좁지 않고 사람이 적거나 땅이 메마르지도 않거늘 어찌 위표가 항왕을 원망한단 말이오?"

– (《초한지』》 5권 「중원의 사슴을 쫓아」)

소설 《삼국지》에 하동이라는 지명이 수차례 나타나고 있다.
관우는 현덕과 장비 앞에서 자기의 출신을 이야기 한다.

"귀공들도 아시겠지만 우리 하동 해량은 예부터 소금으로 유명한 곳이외다. 그런데 5~6년 전 못된 토호 한 놈이 한편으로는 관부에 줄을 대고 다른 한편으로는 힘깨나 쓰는 건달들을 사 그 소금밭을 오로지하고 소금장수들의 고혈을 빨기 시작했소."

– (이문열의 《삼국지》 1권 「고목의 새싹은 흙을 빌어 자라고」)

양봉은 얼른 군사를 수습한 뒤 어가 앞으로 나아갔다. 헌제가 반갑게 맞이하며 그의 공을 치하한다.

"방금 적장을 벤 자는 누구인가?"

양봉은 곧 그 장수를 불러 수레 앞에서 절하게 하고 소개했다.

"이 사람은 하동 양군 사람으로 성은 서씨요, 이름은 황, 자는 공명이라 하옵니다." – (황석영의 『삼국지』 2권 「이각과 곽사의 난」)

이각과 곽사의 난을 피해 장안을 벗어난 헌제 일행은 마땅히 갈 곳이 없었다. 이에 양표가 진언했다.

"신이 생각건대 가까운 안읍(하동)은 비록 작고 궁벽하나 양봉의 영채 안보다는 지내시기에 나을 듯합니다."

안읍도 같은 처지라 어가가 이르렀으나 천자가 기거할만한 집조차 없었다. 다행히 하내 태수 장양이 고기와 쌀을 보내오고, 하동 태수 왕읍이 비단과 베를 보내 천자는 차차 지내기가 나아졌다.

– (이문열의 『삼국지』 3권 「안겨오는 천하」)

위나라 정원 2년(255) 정월이었다. 양주 도독이자 진동 장군으로 회남 군마를 통솔하고 있는 관구검은 자가 중공이요 하동 문희 출신이었다.

– (황석영 『삼국지』 10권 「사마사의 죽음」)

박지원은 중국에서는 강물 이름에 江(강)과 河(하)를 붙인 것은 맑고 흐린 것을 근거로 구별한다고 《연암일기》에 기록하고 있다.

북경에 이르기까지 물을 건넌 것이 십 여 차례였는데, 혼하, 요하, 란하, 태자하, 백하 등 이름에 '하'가 붙은 것들은 모두 누런 강물이다. 들판을 흐르는 물은 탁하고, 협곡을 빠져나와서 흐르는 물은 맑다. 압록강은 장백산에서 발원하여 변방의 여러 산을 거쳐서 흐르기 때문에 항상 맑은 것이다.

내가 아직 장강을 보지는 못했으나 사천의 민산과 아미산 등 수많은 산에서 발원하여 삼협을 뚫고 하류로 흘러내려오니, 그 물이 맑음을 알 수 있겠다. 소위 남쪽 가닥에 '하'라고 이름을 붙이지 않는 까닭은 초나라 남쪽 지방은 산도 많고 암석도 많아 물이 모두 맑기 때문이다.

이문열 『삼국지』 1권의 강역도에 서기 180년경 황하가 북에서 남으로 흐르는 지경에 서하군, 평양군, 하동군, 하내군이 있고 남쪽 아래에 남해군 합포군이 보인다.

2권의 강역도에 하동을 안읍(安邑)으로 진양을 병주(幷州)로 하고, 황하를 하수, 장강은 강수이라 했다. 특이하게 한중을 끼고 흐르는 강을 漢水(한수)라고 하였는데 한강으로 불릴 수 있겠다.

물의 맑기와 물살의 세기로 河(하)와 江(강)을 구분하면 우리나라는 모두 강이다. 우리 고장은 중국의 하동 지형과 유사하여 섬진강을 황하로 차용한 것으로 사료되며 섬진강의 동쪽 또는 섬진강이 북에서 남으로 흐르다 우로 전환되는 지점에 위치하여 하동으로 불린 것으로 보인다.

이 같은 근거를 하동茶(차)문화센터 광장 대리석 비의 첫줄에 '하동은 섬진강을 기준으로 그 동쪽에 위치한다'고 하였다.

하동 땅은 智異山下(지리산하) 섬진강 동쪽
閑麗海上(한려해상) 負山沈海(부산심해) 天下樂土(천하낙토)라네
七王子(칠왕자)는 가락차로 성불했고
金大廉(김대렴)은 王命(왕명)으로 차씨를 심었네
智異(지리)의 꽃 茶(차)의 고향 花開洞天(화개동천)
그 명성은 영원토록 빛나리라.

하동이란 지명의 생성 연대는 진국시대에는 다사촌이며 변한시대에는 낙노국에 속했다. 삼국시대는 다사성 또는 다사군, 통일신라시대

신문왕 5년(685)에서 경덕왕 16년(757)까지 72년간은 한다사군이다. 경덕왕 16년 9주를 비롯한 신라의 전국 고을 명칭을 중국식 2字 지명으로 개정되었는데 이때 '하동'으로 되어 지금까지 이어져 오고 있다.

하동의 치소는 많은 이동이 있었다. 변한 낙노국 시절에는 진촌, 신라 신문왕 7년(687)에 진답향으로 개칭, 고려 현종 9년(1018) 진답향은 진주목에 예속되어 고전면 고하리로 옮기고, 조선 현종 2년(1661)에 횡천리(횡보), 숙종 5년(1679) 고전면 고하, 숙종 29년(1703) 진답리를 진답면으로 개칭하고 진답면 소재로 옮긴다. 숙종 30년 진답면 두곡, 영조 6년(1730)에는 고동골, 영조21년(1745) 진답면 항촌 구학당, 1937년 하동읍사무소, 1938년 10월 1일 항촌을 읍내리로 개칭….

정리하면, 강산의 변천과 시대의 변화로 군, 현 및 도호부 등으로 행정개편이 있었고 치소는 여러 곳으로 옮겼다. 그러나 하동이란 지명은 지켜져 60갑자 21회가 되는 2017년도는 하동 定名(정명) 1260주년이다. 이보다 더 긴 정명의 역사를 가진 지역을 어디에서 찾을 수 있을 것인가. 의미 있는 기념식을 치르자. 자부심과 긍지가 되어 하동 사랑의 계기가 될 것이다.

2부

자굴산과 기강

가례동천

의령읍에서 대의로 2km 지점에 가례복지회관 맞은편 은행나무 가로수 아래 '퇴계이황선생유허지 입구'라는 자연석비가 있다. 지시대로 골목길로 세 번째 대문을 지나면 안내비가 나오고 좌측으로 고개를 돌리면, 마을로 내려와 멈춘 산줄기 끝자락에 비스듬한 검은 바위에 嘉禮洞天(가례동천)이라 새겼다.

네 글자가 차지하는 크기는 가로 226cm, 세로 45cm이다. 우에서 좌로 배열하고 비바람에 '례'와 '동', '동'과 '천' 사이에는 세로로 바위 틈이 넓어지고 세월의 무게로 음각이 마모되어 윤곽이 흐릿하다. 특히 天자는 식별이 어려운 상태이다. 노인도 성형하는 시대가 되었다. 원본을 손상하지 않고 복원하고 원래의 색칠을 하는 단장이 필요하다.

마을 오씨(81) 노인은 오래 전에는 가례동천이 새겨진 바위 앞에 계곡에서 흘러내리는 물이 모여 沼(소)를 이루었는데, 가덕산 자락이 밀

퇴계 선생의 친필 가례동천 : 의령군 가례면 가례리

려 내려 메워졌다 한다. 마을 앞의 白溪川(백계천)은 자굴산 보리사에서 밥하는 뜨물로 하얗게 되어 붙인 이름이고, 지금도 동네 아래 냇가에는 白岩(백암)이라는 바위가 있고 주변을 흰 들이라고 한단다.

퇴계 선생은 21세에 허씨 부인을 아내로 맞았는데, 부인을 항상 친구 대하듯 하고 처가는 칠곡면 도산마을인데 퇴계 선생의 고향과 연관하여 小陶山(소도산)으로 불렸다. 퇴계 선생은 의령 처가에 자주 들러 지역 선비들과 교유를 하고 때때로 낚시를 하면서 시간을 보냈는데 바위에 가례동천이라는 친필 글씨를 남기게 된다.

허씨 부인은 아들 준과 채를 남겨두고 결혼 6년 만에 숨을 거두었다. 부인의 무덤은 영주에 보존되어 있는데 퇴계 선생이 직접 쓴 '가례동천'이란 유필이 남아 있다. 친정 동네 이름을 택호로 사용하기도 하는 데 가례동천은 허씨 부인의 택호로 사용된 것이 아닐까!

퇴계 선생의 아들 채는 외할아버지의 농사일을 감독하며 농사꾼으로 자라 21세에 정혼을 해 놓고 혼례를 올리지 못한 채 급사하였다. 채의 무덤은 가매장 했다가 사후 10년 후에야 외할아버지 무덤 아래로 이장되어 지금의 의령 무하리 고망봉 산기슭에 있다.

퇴계 선생은 생과부가 된 며느리를 친정으로 되돌려 보내며,

"이제 너는 우리 집 귀신이 아니라 자유의 몸이 되었다. 다시는 우리 집에 돌아오지 않아도 된다. 멀리 떠나서 새 생활을 하도록 하여라."

작별의 큰 절을 올리는 며느리에게 퇴계 선생은 다음과 같이 당부하였다고 전해지고 있다.

"아주 멀리 떠나거라. 그리고 아들딸 많이 낳고 행복하게 살거라."

훗날 퇴계 선생이 한양 가다 민가에 하룻밤을 유하게 된다. 반찬도 입맛에 맞고 아침에는 족의를 내 오는데 발에 잘 맞았다. 그 안주인이 한때 며느리였던 그 여인이라는 이야기가 전해진다.

가례동천 네 글자를 보고 있으면 퇴계 선생의 말씀이 들리는 듯하고 부인을 친구처럼 대하며 사람을 사랑하는 마음을 느낄 수 있다.

의령신라통중 우흔, 의령인의 자부심

의령군은 33점의 문화재가 지정되어 있다. 국가지정 8점, 경남지정 25점이다. 국가 지정은 국보 1점, 보물 4점, 천연기념물 3점이며 천연기념물은 의령신라통중의 우흔, 유곡 세간의 은행나무, 성황리의 소나무이다. 문화재는 손상되면 원상태로 돌이킬 수 없으므로 잘 보존하여 후손에게 물려주어야겠다.

의령읍 서동 도로변에 위치한 의령신라통중의 우흔(宜寧新羅統中(의령신라통중)의 雨痕(우흔)은 천연기념물 제196호(1968. 5. 23.)이다.

우흔이란 부드러운 퇴적물 위에 빗방울이 떨어져 만들어진 둥근 모양의 자국들이다. 지름 8~15mm, 깊이 1mm 미만의 미세한 구멍과 같다. 빗방울 자국이 있는 이 지층은 약 1억 년 전에 만들어진 것으로 추정되는데, 당시 가뭄으로 호수물이 줄자 호수 바닥에 쌓였던 퇴적물이 물 밖으로 드러났고 그 위에 떨어진 빗방울의 충격으로 자국이 생긴 것이다. 빗방울 자국이 생긴 퇴적물의 표면이 마르고 그 위에 새로운 퇴적물이 쌓인 후 오랜 시간이 흐르고 굳어져 바위에 자국으로 남게 된 것이다. 빗방울 자국은 건조한 기후를 나타내는 것으로 해석되며, 세계 여러 곳의 지층에서 발견되지만 매우 희귀하며 1억 년 전의 환경을 알 수 있는 중요한 자료이다.

지름 15mm 이내 깊이 1mm 이하의 흔적을 보고 1억 년 전의 지질 환경을 알 수 있으며 빗방울의 흔적이라고 할 수 있을까? 신라통중은 과연 어느 지질시대의 어디에 해당되는가.

현장을 철재 울타리로 관리하고 있는데 어느 구역이 우흔인지 판별하기가 쉽지 않다. 인터넷 사이트에 의령신라통중의 우흔에 대하여 검색하면 지름 15mm 이내 깊이 1mm 이하의 크기라고 볼 수 없는 조잡한 그림이 탑재되어 있어 자료 관리에 아쉬움이 많다.

의령관내 천연기념물의 명칭이 바뀐다 한다. 의령신문(2008년 3월 1일자 유종철 기자)에 의하면 의령의 천연기념물인 신라통중의 우흔 및 유곡 세간의 은행나무, 성황리의 소나무에 대하여 각각 의령 서동리 함안층 빗방울 자국, 의령 세간리 은행나무, 의령 성황리 은행나무로 된다. 일본식 표기인 '의'를 빼고 쉬운 우리말을 사용해 쉽게 전달하기 위함이다.

명칭의 변경과 더불어 안내판의 문안 작성에도 세심한 주의가 필요하다고 본다. 누구나 쉽게 이해할 수 있고, 관심을 가질 수 있게 제작되어야겠다. 예를 들면 '의령 서동리 함안층 빗방울 자국은 전기 백악기 후기의 함안층 하부의 한 층리면에 있는 빗방울 자국으로 경북대 지질학과 장기홍교수가 1965년 11월 14일 이를 발견하여 1967년에 백악기 화석 빗방울의 출산을 대한지질학회지(3권 1호 63-67쪽)에 보고하였으며, 그 후 손치무 박사 등의 현지답사가 있어 그들의 보고에 의하여 천연기념물로 지정되었다.

의령 서동리 함안층 빗방울 자국을 다양하게 관리해야 한다. 탁본과 사진 촬영을 하여 상세한 설명을 곁들여 군홈페이지 탑재, 의령박물관, 군청 홍보관, 공공기관과 학교에 보관·전시하며 각종 홍보책자를 통하여 널리 알려야 할 것이다. 각계 전문가로 구성된 보존위원회를 통하여 설명문안 작성 및 관리 방법 등에 대한 체계화된 운영이 필요하다.

의령인은 1억년 이상의 역사를 지닌 땅위에서 생활하고 있다는 자부심을 의령 서동리 함안층 빗방울 자국을 통하여 충분히 가질 수 있다. 화석에 역사적인 의미를 부여하는 것은 오늘을 사는 우리의 몫이며 명칭의 변경과 더불어 관리하고 보존에 한층 관심을 가져야 할 것이다.

효자 정재수 그 외

살다보면 많은 사람을 만나고 또 사물을 접하게 된다. 일행 셋 중에 스승이 있다. 사물을 관심 있게 보면 의미를 알게 되고 지혜를 득하게 된다고 한다. 배움은 책에서만 있는 것이 아니며 인간은 평생을 배워도 부족함이 있다고 한다.

처음 대하는 사람에게 명함을 건네며 "반갑습니다. 홍길동입니다"하는 것은 자기를 제대로 알리고 또 상대방에 대한 배려가 된다. 성명은 그 사람의 모든 것이 담겨있고 또한 거울이기 때문이다. 주변에는 문화재 기념물 등이 많다. 그 속에는 우리 조상들의 얼이 내재되어 있으며 그 빛난 얼을 되살리는 것이 중요하다.

퇴근길에 화정초등학교를 들른 적이 있다. 입구에는 홍의장군 동상이 있고 본관 정원에는 세종대왕상, 반공소년 이승복상, 유관순열사상과 이순신장군상이 있다. 시선을 돌려 본관 맞은 편 운동장 끝 느티나무 아래에 초등생으로 보이는 동상이 눈에 들어왔다. 왼손에 책보를 끼고 오른손을 높이 치켜들고 시선은 멀리 바라보는 형상이다.

운동장을 가로질러 다가가면서 어린이는 누구인가 궁금하였다. 보지도 듣지도 못한 효자 정재수상이다. 효자 정재수! 어떤 효행을 했기에 동상을 세웠을까! 동상 하단에 설명문이 붙어 있었다.

효자 정재수는 상주시 사산초등학교 2학년 재학 중 1974년 1월 22일 아버지와 함께 12km 떨어진 충북 옥천 큰집에 차례를 지내러 가던 중 폭설 속에 쓰러진 아버지를 구하려고 애쓰다가 자신의 옷을 아버지에게 덮어드리고 함께 하늘나라로 떠난….

마치 수류탄 위로 몸을 던져 부하를 구하고 산화한 강재구 소령을 보는 듯하며 아버지 눈을 뜨게 하려고 치마를 뒤집어쓰고 풍덩 인당수에 몸을 날리는 효녀 심청을 연상케 하였다.

사물이나 사람에게 이름을 주어 의미를 부여한다든지 비석이나 기념물 등으로 미풍양속을 선양한다. 의령은 충효의 고장이라 도로 주변에 효자각 열녀각 등이 많다.

칠곡초등학교 옆 자굴산 진입도로 입구에 쌍효각, 칠곡면 외조리 큰길가에 백원각을 지나친다. 모두 담으로 둘러싸여 비문이 가려져 읽기 어렵고 처마 밑에 붙어 있는 편액은 한문으로 되어 판독하기 어렵다. 내용을 한글로 요약 및 비문은 탁본하여 해석까지 곁들인 설명문을 제작하여 앞쪽에 설치한다면 참 좋겠다.

『의령의 역사문화 유적, 의령문화원, 2001 발행, P91』에서 쌍효각을 소개하고 있다.

조선시대 남치현, 남치성 형제분의 효행을 기리는 정려로 정면 2칸, 측면 1칸 맞배지붕 목조기와집이다. 형제는 어머니 병 구환을 위해서 형은 허벅지살을 동생은 장단지살을 베어서 약으로 드리는 등 천출의 효자라 고종 29년(1892) 왕명이 내려졌고 1902년 건립된 꽃집이다.

백원각은 여재병(1889~947)공의 효행을 기리는 비각이다. 평소 부모에 대한 효성이 지극했고 모부인 병환에 단지 주혈 등 부인 밀양박씨와 함께 천출의 효 부부였다.

안내문은 명함의 역할을 하는 것으로 문화재, 문화재 자료 및 기념물 등에 알기 쉬운 안내판을 설치하는 것에서 조상의 빛난 얼을 널리 알려 의령 사랑하는 마음을 북돋우며 충효사상을 선양시키는 시작되지 않을까.

곽재우 소년시절

40대 카이스트 석좌교수 안철수 씨가 방송프로에 출연하였다.

“학창시절에 가장 기억나는 것을 이야기해 달라.”

“초등학교 시절에 책을 많은 읽었다는 것이 가장 기억에 남는다. 도서관에 있는 책은 다 읽은 것 같다. 하루에 한권 정도를 읽었는데 사서교사가 매일 책을 빌리러 오자. 출납카드에 장난삼아 기록만 하는 것이 아닌가 하고 의심을 하더라.”

어머니는 아들인 자기에게 어렸을 때부터 존댓말을 하셨는데 지금까지 그것이 이상하다고 생각해 본적이 없다고 한다. 역시 안 교수도 아랫사람에게도 항상 깍듯이 존댓말을 쓴다고 한다.

곽재우는 1552년 8월 28일 외가인 의령 유곡 세간리에서 태어났다. 15세가 되던 해에 책 한 보퉁이를 짊어지고 자굴산 보리사로 가서 글을 읽었다. 졸릴 때는 금지샘에서 목욕을 하고 明鏡臺(명경대)에 앉아

책을 통독하였는데 천 여 권을 독파했다.

남명 선생이 28세에 이곳에서 2년 동안 글을 읽고 뜻을 세웠다고 하니 제자와 스승은 세월의 간극은 있지만 같은 장소에서 책을 많이 읽었다는 공통점이 있다. 나아가 남명 선생은 사위인 金行(금행)의 딸을 곽재우에게 시집보내니 그 인연이 보통이 아니다.

보리사는 해인사 창건 백년 뒤에 건립된 절로 8선방 9암자를 거느린 규모였다. 지금은 터만 남아 있는데 칠곡 내조리 새마을회관에서 산등성이를 타고 오르면 베틀바위를 만나고 출발해서 여유 있게 1시간 20분정도 오르면 절터에 도착된다. 다시 명경대를 지나 금지샘을 뒤로하고 반시간 정도 오르면 정상이다.

16세에 곽재우는 산천재를 찾아 남명 선생의 제자가 되고자 하였다.

"글을 좀 읽었는가?"

"춘추 정도는 읽었습니다."

"그러면 내가 하나 물을 것이다."

"道(도)란 무엇인가?"

"道(도)자는 먼저 두개의 점을 찍어야 하는데 왼쪽 점은 태양을 뜻하고 오른쪽 점은 태음을 뜻합니다. 마치 음양이 서로 안고 있는 모습이지요. 이 두 점이 하늘에서는 태양과 달이 되고, 땅위에서는 불과 물이 되며, 사람에게는 두 눈에 해당됩니다. 두 점 아래 一은 모든 것을 뜻하지요. 自(자)는 자신을 가리키며 천지일월과 만물의 精氣(정기)가 자기 몸에 모여 있고, 도가 자기 몸에서 떠나지 않음을 뜻합니다. 한일자와 합치면 머리首가 되니 이는 도를 닦는 것이 천하에 가장 중요함을 뜻합니다. 달릴 走(주)는 전신의 법륜이 스스로 돌면서 도를 자기 몸과 천하에서 행한다는 뜻입니다."

마침 남명의 집에는 천문학자 격암 남사고 선생이 조선 팔도를 유람하다가 남명 선생을 만나러 와 있었다. 그는 경상도 울진 사람으로 과거시험에는 번번이 낙방을 하였지만, 효심이 지극하여 나라에서 사직단 참봉 벼슬을 주었다. 주역과 풍수지리에 밝을 뿐만 아니라 그의 예언이 적중하여 많은 제자를 두었다.

남명의 옆에 앉았던 남사고가 물었다.

"어떤 사람이 破字(파자)하는 분에게 찾아가서 글자로 亥자를 쓰고 아들의 병을 물었더니 여섯 살 되는 해월(亥月 : 음력 10월)에 죽는다고 하였다. 그 이유는 무엇인가?"

"亥(해)자는 아이 孩(해)의 아들(子)이 없는 글자로 亥(해)자를 살펴보면 위쪽은 六(육)이 완전치 못하고, 가운데는 오랠 久(구)자가 되지 못하고 아래의 人(인)이 다 자라지 못했으니 아이의 수명은 여섯 살을 넘기지 못할 것이어서 그렇게 대답했을 줄 압니다."

"아이가 여섯 살에 죽는다고 했다면 아이의 생명을 연장하게 해 줄 수 있는 방법이 없겠느냐 하여 一자를 짚었다는데 자네는 어떻게 대답할 것인가?"

"대답이 될지는 모르겠습니다만 다섯 살을 넘기기 어렵겠다고 대답했을 것입니다. 一(일)자는 生(생)자의 끝나는 글자이고, 死(사)의 시작되는 글자지요. 한일자는 열十(십)의 반자의 반쪽 모양이니 다섯 살이라고 말했을 겁니다."

곽재우는 입문 시험에 통과하여 남명 선생의 제자가 되고 심신을 수양하게 되어, 벼슬에 연연하지 않고 왜적이 침입하자 분연히 일어나 국난 극복에 이바지했으며, 전란이 끝나자 초연히 고향으로 돌아가 입산해 養生修道(양생수도)하며 물과 바람을 벗해 살면서 향기롭게 늙어갈 수 있었던 것이다.

어렸을 때 독서는 인생의 나침반이 되며 부모 언행은 자녀의 습관 형성에 대단히 중요하다. 곽재우는 소년 시절 독서를 많이 했기에 좋은 스승을 만날 수 있었고 청사에 이름을 남기는 인물이 될 수 있었던 것이 아닐까.

방학을 맞아 자녀에게,

"소년 곽재우가 책 1000여 권을 읽었다는 자굴산 명경대에 함께 가보지 않겠느냐!" 하고 권유해 봄직하다.

– 참고도서 : 천강, 박정수

곽재우 강변생활

풍년을 예상하는 파란 들판 사이로 차를 몰면서 지나치는 가로수를 헤아리다 소나기를 동반한 한줄기 바람이 불어 벼가 출렁거려 물결이 치는 듯하다. 돈지가 바로 이런 모습인가!

의령읍에서 40리 정도 창녕 쪽으로 20번 국도를 타고 정곡과 유곡을 구분 짓는 고개를 넘어 세간교 못 미쳐 우회전, 지방도 1041로 접어들었다. 긴긴 세월 靑衿(청금)들을 지켜보고 있다는 정자나무 옆 講樹亭(강수정)에 올라보고 지정운동장 앞에서 좌로 꺾어들어 간간이 낚시꾼이 보이는 하천을 따라 곧장 간다.

넓은 들판 끝에 강둑이 있고 너머 강물이 보인다. 하천은 강을 만나 사라지고 도로 좌측에 보덕각이 있고 앞을 흐르던 남강이 갑자기 강폭이 넓어져 열한시 방향으로 흘러간다. 낙동강은 보이지 않는다. 두강이 만나 岐江(기강)이 되고 곽재우가 岐江(기강)의 돈지에 강사를 지어 미끼 없는 낚시를 드리우고 은거하였다는 그곳은 어디인가.

망우당은 江亭(강정)으로 돌아오는 심회를 글로 나타내었다.

歸江亭
誤落塵埃中 三千垂白髮
秋風野菊香 策馬歸江月

강정에 돌아오다
혼탁한 속세에 잘못 내려와
흰머리만 길게 드리워졌네
가을바람에 들국화 향기로운데
달밤에 말을 달려 강정으로 돌아왔네

– (곽재우 시집, 「강정으로 돌아오다」)

보덕각 앞에서, 자전거를 타고 지나는 주민에게
"돈지라는 못을 찾는데 어딘가요?"
"그런 못은 모르겠고 돈지라는 마을은 강둑 위로 조금 가면 만난다."

돈지는 없고 돈지라는 마을은 있다. 못이 마을로 변했단 말인가! 재먼당에 위치한 돈지마을회관에서 지나온 지역을 관망하니 우측에 남강이 흘러 저 멀리에서 오른쪽으로 크게 방향이 바뀐다. 둑 밑으로 벼가 자라고 있는 넓은 들이다.

9대조부터 돈지에 터를 잡았고 누대로 살아오고 있다는 양수관 씨는

"논이 되기 전에는 갈대밭인데 못이라면 조금 남아있다"고 한다. 이 지역은 침수가 잦아 농사가 일순간에 흙탕물에 잠겨 사람의 탄식과 한숨소리로 〈한심이들〉이 되었다고 한다. 언제부터인가 돈지는 논밭이 되었는가 보다. 기강나루에 대하여 물었더니 바로 두강이 합류하는 지점이며 〈처녀뱃사공〉 노랫말과 일치하는 곳이라고 강조한다.

예나 지금이나 남강과 낙동강이 기강을 이루고
물새는 희희낙락 강둑을 넘나들건만
노닐던 돼지는 어디서 무엇이 되었는가.
아! 강은 그대로건만 인적은 세월에 묻혔어라

돈지란 어떤 못인가! 물결 모양이 돼지가 달려가는 모습인가. 돼지가 우리 속에서 움직이는 모습을 말함인가. 아니면 강바람으로 갈대소리가 돼지 소리와 흡사하여 돈지가 되었는가. 돈지에 기둥 발을 내렸을 江舍(강사)의 위치는 어디쯤일까?

돈지마을회관에서 강둑 위로 차를 달려 보덕각을 지나 강변길을 1킬로 정도가자 비닐하우스에 가려졌던 낙동강을 만난다. 이곳이 기강이다. 의병장 곽재우는 이곳에서 왜선을 물리치고 적의 전후방을 차단하여 전라도 진출을 막는 기강나루 전투의 무대로 이용하였다.

근래까지 나룻배가 운행하여 배를 매었을 버들나무 한그루와 사공의 집터인 듯 공터도 있다. 낙동강에서 생겨 '낙동강 강바람'이라 하지 않는가, 그 바람 참 시원하다.

고적을 답사하고 유적지를 찾는 것은 오늘을 살아가는 지혜를 배우고자 함이 아닌가. 곽재우가 과거 낙방, 아버지 별세, 부인과 사별 등으로 암울하고 외롭던 시절의 강변생활 흔적을 어디에도 찾아 볼 수 없구나.

정암진 전투

늦은 가을 오후에 정암진 입구에 현판을 내걸만한 팔각정을 찾았다. 그곳에 올라 건너편을 바라본다. 오른편으로 중간에 철제 구조물로 터널을 이루는 마치 '콰이 강의 다리' 영화에서나 볼 수 있는 분위기의 구정암교가 있다. 아치 속을 지나면 사열을 받는 기분이 되겠구나! 다리 마무리 쯤 강 속에 鼎岩(정암)이 보이고 언덕에 정암루가 있다.

정암교 위로 차량이 줄을 이어 통과하는데 정암루 옆에 있던 구릉은 흔적조차 없고 평탄 작업이 한창이다. 세월이 산천을 변하게 한다고 한다. 조선 선조시대 정암진의 지형이 오늘 같았다면 홍의장군은 어떤 작전을 펼쳤을까!

임진왜란이 일어나자 4월 22일에 곽재우는 가산을 털어 의병을 일으키고, 붉은 비단으로 전포를 만들어 입고 천강홍의장군이라 하였다. 임진년 6월 함안을 점령한 왜의 제6군 선봉장 고바야카와 다카카게는 의령을 공격하기 위해 수십 척의 배에 2만여 명의 병사를 싣고 동트기 전에 정암진에 도착해 강을 건너려 하였다.

왜의 선발대는 전날 척후병이 꽂아 놓은 깃발 따라 이동한다. 그러나 그 깃발은 간밤에 의병이 늪으로 향하게 옮겨 놓은 것이다. 한참을 이동하다 늪에 빠져 우왕좌왕하게 된다. 은안백마에 붉은 옷을 입은 장수가 나와 휘두르는 칼에 목이 달아나고, 쏘는 화살 마다 적이 쓰러져 아비규환이 된다. 겨우 몇몇이 되돌아 도망을 하자 정암에서 솥뚜껑을 방패로 매복해 있던 의병의 화살에 궤멸되고 만다.

적의 본대가 진격을 하자 여기 저기 골짜기에서 다수의 홍의장군이 백마를 타고 휘젓고 다니는데, 왜적은 혼비백산하여 전의를 상실하여 대패하고 만다. 이 정암진 전투의 승리는 정규군이 전력을 정비하고 의병 발생의 도화선이 된다. 기록에 의하면,

> 항상 붉은 옷을 입고 스스로 홍의장군이라 일컬었는데, 적진을 드나들면서 나는 듯이 치고 달리어 적이 탄환과 화살을 일제히 쏘아댔지만 맞출 수가 없었다. 충의롭고 곧으며 과감하였으므로 군사들의 인심을 얻어 사람들이 자진하여 전투에 참여하였다. 이미 의령 등 여러 고을을 수복하고 군사를 鼎津江(정진강) 오른쪽에 주둔시키니 下道(하도)가 편안히 농사를 지을 수 있게 되었으며 의로운 소문이 크게 드러났다.
>
> – (선조수정실록 임진년 6월 1일)

오늘의 지형지물을 봐서는 당시의 전황을 이해하기 어렵다. 늪지대는 비닐하우스가 차지하고, 건너편 산을 보니, 백마를 탄 다수의 홍

의장군이 나타나 적을 교란시킬 수 있는 산세로 보기 어렵다. 절벽 같은 비탈에 어찌 말이 달릴 수 있을까. 수백 년의 세월이 산을 너무 변화시켰단 말인가!

의령은 홍의장군이 있어 빛나고, 홍의장군은 정암진 전투의 승리로 역사에 우뚝 설 수 있었다. 사람은 왜 化粧(화장)을 하는가, 화장은 장점을 돋보이게 하는 적극적 표현이 아니던가. 정암진 전투를 잘 알 수 있게 치장을 하는 것은 후세의 몫이 아닐까?

곽재우 장군 상징

망우당 곽재우는 임진왜란이 일어나자 최초로 의병을 일으켰다. 머슴을 의병에 참가시키고 가산을 털어 의병을 규합하였다. 또 용병술이 뛰어났고 전술전략에도 남다른 식견을 지녀 백전불패할 수 있었던 것이다.

선조 25년 4월 22일은 모리 테루모토가 이끄는 왜적 3만 여 명이 김해, 창원을 점령하고 현풍으로 들어오던 날이었다. 왜적들이 도망가는 백성의 목을 베고 재산을 탈취한 뒤 가옥을 불태우며 북진한다는 소식을 듣고 곽재우는 이씨 부인에게,

"나라가 위태로운데 한가로이 앉아 있을 수 없소. 어제 밤에는 나라가 걱정 되어 한숨도 잠을 못 잤소. 나도 나서서 왜놈을 막아야 할 것 같소."

부인은 비단 옷이 들어있는 조그마한 보퉁이를 하나 내놓으며,

"서방님. 옛사람이 말하기를 싸움에서는 꾀를 잘 써야 한다고 했답니다. 이것은 장수들이 입는 붉은 옷인데 위는 도포 같고 아래는 치마 같습니다. 거기다 흰 거죽을 덧씌웠습니다. 거죽은 필요할 때 얼른 벗을 수 있고, 또 얼른 뒤집어 쓸 수 있습니다."

곽재우는 의병을 모집하기 시작했다. 동네 한복판에 있는 느티나무에 큰 북을 매달고 힘껏 두들겼다. "둥 둥 두 웅" 북소리는 마을로 퍼져 나갔다. 북소리를 들은 마을 사람들이 하나 둘 느티나무 아래로 몰려들었다. 붉은 옷에 백마를 탄 곽재우는 칼을 빼어들고 말했다.

"여러분! 곳곳에서 왜적들이 양민의 재산을 탈취하며 불을 지르고, 수많은 백성들이 무참히도 죽어가고 있습니다. 마땅히 목숨을 걸고 나라를 지켜야 하지 않겠습니까? 여러분!"

선조 11년 8월, 아버지가 명나라 사신으로 갈 때 재우를 데리고 갔으며 세상의 넓은 것도 알았고 선진국의 문물에 감동하였다. 결정적으로 인생의 전환점이 된 것은 세 번째 응시한 과거였다. 시제는 唐太宗試射殿庭論(당태종시사전정론)인데 양만춘 장군이 쏜 화살이 당태종의 눈에 맞았다는 내용이었다.

곽재우는 당태종이 군주로서 자격이 없다는 것을 생각하며 '군주로서의 도리는 반드시 먼저 백성을 아끼고 가엽게 여겨 이를 보살펴야

한다. 만약 백성을 괴롭힘으로써 자기 몸을 받들고자 함은 마치 자신의 넓적다리를 떼어 배를 채움과 같다. 배는 부르면서 몸은 쓰러진다.'이런 내용으로 붓에 힘을 주어 써 내려갔다. 선조는 표현을 문제 삼아 파방을 시켰고 곽재우는 실망하여 낙향하였다.

곽재우에게 용기를 주고 장래를 대비하게 한 사람은 부인이었다.

"과거에 급제를 한다고 해서 출세하는 것도 아니옵니다. 시대가 영웅을 만들 수도 있고, 시대가 영웅을 죽일 수도 있습니다. 서방님은 기회를 보아 날개를 펴세요."

홍의는 흰색으로 뒤집어 입어 후퇴를 붉은 색으로 전진을 나타내는 신호로 사용되기도 하였고, 몇몇의 장수에게 입히고 활동하게 하여 적을 혼란에 빠지게 하여 전투마다 승리할 수 있었던 것으로 홍의를 전술적 관점에서 곽재우 장군의 상징이라 할 수 있다.

1592년 4월 22일, 의령 유곡 세간리에서 북을 두드려 사람을 모아 의병을 일으킨 사실은 임진왜란에서 전국 최초의 창의라는 역사적 평가이다. 따라서 북채 및 창의기, 북은 장군의 또 다른 상징이 될 수 있을 것이다.

홍의장군상

학교라는 말이 언제부터 우리 곁에 다가온 것인가.

『맹자』의 「滕文公章句上(등문공장구상)」편에 '設爲庠序學校(설위상서학교)하여 以敎之(이교지)하니'로 소개되고 있다. 백성을 교육시키기 위하여 학교가 필요하였으며 夏(하)의 시대 校(교), 은나라 序(서), 주나라 庠(상)이라 하여 이름은 달랐지만 거기에서 배우는 내용은 모두 같았다. 위에 서있는 자가 인간의 도를 밝혀 가르쳐서 인도하면 백성들은 감화하여 크게 나라를 다스릴 수 있어 설립되고 학교라는 말이 생겨난 것이다.

학교라는 명칭을 붙인 것만이 학교가 아니라 지역사회가 실제적으로 교육의 場(장)이 되는 시대가 되었다. 의령은 관내의 학교들을 아우르는 종합 학교라 할 수 있다. 의령 사회를 구성하는 모든 것은 교육 자료가 될 수 있다는 것이다.

좋은 학교의 요건은 학습자의 교육발달심리에 맞는 학습 자료를 충분히 구비하는 것이라 할 수 있다. 교육 효과는 시청각 자료보다 모형물이 더 높다고 한다. 백 번 듣는 것 보다 한 번 보는 것이 낫고, 입체적인 자료를 보는 것이 더 이해가 높다고 할 수 있다.

의령하면 홍의장군, 홍의장군하면 곽재우 장군이다. 따라서 의령이 좋은 학교로 거듭나기 위해 학습 자료로 절실히 필요한 것이 붉은 옷에 백마를 탄 紅衣將軍(홍의장군)의 기마상이라 할 수 있을 것이다.

홍의장군 곽재우의 기마상은 어떤 모습으로 만들어졌을까.

대구 동구 망우당공원(1972)에는 홍의장군 동상이 있다. 왼발을 약간 든 채 고개를 오른쪽으로 치켜든 말을 탄 장군의 모습이다. 전립을 쓰고, 오른쪽 허리에 화살 통을 메었으며, 왼쪽 허리에 칼자루를 뒤로 하여 칼과 활을 교차되게 메고, 손바닥을 앞으로 하여 오른손을 높이 들고 앞을 바라보고 있다. 동상의 좌대 전면 중앙에 '홍의장군 곽재우 선생 상'이라고 새겨져 있고 장군과 말은 산화된 청동색이다.

의령관내 초등학교에 홍의장군 동상이 있다. 교문 오른쪽에 위치하며 좌대에는 '홍의장군 곽재우' 로 표기되어 있고, 앞 왼발을 약간 들고 고개를 오른쪽 위로 치켜든 말 위에 장군은 전립을 쓰고 오른손을 높이 든 모습이다. 장군과 말은 붉은 銅(동)색이다.

충익사 내 기념관에는 홍의장군의 그림을 볼 수 있다. 인물과 말의 우측면의 그림으로 장군은 전립을 쓰고 있으며, 화살 통을 허리 위치의 좌측 등에서 우측으로 비스듬히 차고, 오른손에 붉은 리본이 달린 지휘봉을 높이 들고 붉은 전립 위로 노란 허리띠를 두르고 백마에 앉아 전방을 응시하는 모습이다. 하지만 좌측면을 볼 수 없어 화살 통은 있으나 활이 보이지 않고, 장군의 지휘도를 볼 수 없다.

훌륭한 대본이라고 반드시 좋은 드라마가 되는 것은 아니다. 대본에 근거한 무대 장치, 조명시설, 배우의 열정적인 연기력과 뛰어난 감독의 연출력 등 제반 조건이 구비될 때 대본 이상의 드라마가 될 수 있다고 본다. 의령 사회가 소유하고 있는 소재를 학습 자료로 개발을 한다면 의령은 좋은 학교가 될 것이다.

함안읍 입구에는 고려 충렬왕 24년(1298)에 함안군 여항면 내동에서 태어나 외침에 존망의 위기를 누차에 걸쳐 구한 맹장으로 고려 오백년 역사를 지킨 16공신 중의 한 사람인 이방실 장군의 동상이 세워져 있다.

의령의 마스코트는 붉은색의 전복을 입고 노란 허리띠에 왼손에 칼집을 잡은 모습의 홍의장군이다. 의령에는 붉은 옷을 입고 백마를 탄 곽재우 장군상의 건립이 필요하다고 본다.

세간리 은행나무

의령은 축제 분위기이다. 의병제전(2009년 4월 19일~26일)이 열리고 있기 때문이다. 의령읍 간선도로는 '제37회 의병제전 전국 최초로 의병을 일으킨 의령인! 자랑스런 의병정신 번영의 횃불로' 등 각종 구호의 플래카드로 터널을 이루고 있다.

올해 의병제전에 세간리 은행나무 및 곽재우 의병장 생가를 찾아보기로 작정하였다. 창녕으로 가는 20번 국도를 타고 18킬로미터 이동하자 황동색 바탕에 '은행나무(천연기념물 제302호) 곽재우 의병장 생가 ←'의 이정표를 보고 세간교를 건넜다.

우회전하여 동네 앞 포장길로 조금 진행하자 신록으로 장식된 높이 솟은 은행나무를 만났다. 은행나무 뒤편에 고풍스런 기와집은 곽재우 의병장 생가이다.

은행나무 앞에 안내판이 있다.

은행나무는 살아있는 화석이라 할 만큼 오래된 나무로 나이가 500년 정도로 추정되며, 높이 21m, 가슴높이의 둘레 10.3m로 밑 둥에서 2m 부터 가지가 뻗어 있다. 특히 남쪽가지에서 자란 두개의 짧은 가지(돌기)가 여인의 유방 같다고 해서 젖이 나오지 않는 산모들이 찾아와 정성 들여 빈다는 이야기가 전해 오고 있다.

머리에 쏙 들어오게 소개한 돌기를 보고자 은행나무 주위를 몇 바퀴나 돌았지만 유방처럼 생긴 가지를 찾지 못했다. 관리인과 같이 몇 번을 돌자 남쪽으로 뻗은 가지 아래에 밀착된 돌기를 발견하고 다각도에서 사진을 찍었다. 동료에게 사진을 보여주면서,

"무엇처럼 보이는가?"
"…",
"유방처럼?"
"글쎄요!"

문화재청 홈페이지에서 '세간리 은행나무'로 검색했다.

지정일 1982년 11월 04일. 나이가 600년 정도로 추정되며, 높이 24.5m, 둘레 9.1m이다. 뿌리 근처 둘레가 11.6m, 가지 밑의 높이가 2m이고, 은행나무는 오랜 세월동안 조상들의 관심과 보살핌에 살아온 나무로 문화·생물학적 자료로서의 가치가 높아 천연기념물로 지정·

보호하고 있다.

같은 나무에 대하여 자료가 다름을 알 수 있었다. 수령은 100년, 높이는 3.5m, 둘레는 1.2m의 차이가 있다. 높이가 3.5m 더 큰 것은 백년만큼 자란 결과지만, 둘레가 작아진 것은 이해하기 어렵다.

문화재청 자료 작성기준일은 1982년 11월 4일이라 할 수 있다. 그렇다면 현장 안내판 자료의 기준은 언제인가. 자료 산출 방법에 따라 독립적인 결과를 얻을 수 있다. 그러나 같은 방법을 사용하였다면 결과는 동일할 것이다. 아마 위 비교 값은 자료 산출 방법이 달라 생기는 결과로 추정된다.

안내판에 '두개의 짧은 가지(돌기)가 여인의 유방 같다.'의 표현은 관람자로 하여금 관심과 호기심을 유발시킬 수 있다. 그 부분을 노란색 등의 띠로 장식을 하는 것은 찾는 이에 대한 배려라 할 수 있다. 100년의 수령 차이가 난다는 것에 대하여 해 전문연구소에 측정을 의뢰함이 좋지 않을까.

망우정 가는 길

곽재우 장군이 말년에 은거하였다는 망우정을 목표로 의령생가에서 길을 나섰다.

남지에서 영산으로 방향을 잡아 남지톨게이트 앞을 지나자, 영산창녕 방면 직진, 우강 길곡은 우측으로 진행하라는 교통안내판이 있다. 한참 가니 '우강2구 마을 : 도전의 힘 마늘과 감자'라는 마을 안내판 우측으로 정자가 보인다.

곽재우 장군은 왜적이 침입하자 분연히 일어나 국난 극복에 이바지했으며 전란이 끝나자 "의병은 싸울 뿐 결코 자랑하지 않는다."는 명언을 남긴 채 우강이 낙동강과 합수되는 동산에 정자를 짓고 忘憂亭(망우정)이란 편액을 걸었다. 거문고와 배 한척으로 유유자적하며 세월을 보낸다. 세속으로 불러내는 유혹이 없었던 것은 아니다.

낙동강 흐름이 잘 보이는 동산에 홍의장군의 유허비가 있다.

有召命

九載休糧絶鼎煙 如何恩命絳從天
安身恐負君臣義 濟世難爲羽化仙

임금께서 부르는 명령이 있음

구년 동안 식량 끊고 밥을 짓지 않았는데
어떻게 은명이 대궐에서 내려왔을까
한몸 편안히 하자니 군신의리 저버릴까 두렵고
세상을 구제하자니 신선되기 어렵다네

동산 꼭대기에 느티나무와 유허비가 있다. 아래에 삼 칸 크기의 망우정이 위치한다. 대나무 숲이 시야를 가려 대청으로 자리를 옮겨 정자 기둥에 기대어 흐르는 낙동강을 한참이나 보고 있자니, 눈앞이 몽롱해지며 저 멀리 강물 위로 꼬리를 치켜세우고 눈부신 은빛 안장을 얹은 백마가 달려오는 환상에 빠진다. 아, 곽재우 장군이 탔던 그 백마인가. 정녕 아직도 백마는 망우정 주변을 맴돌고 있다는 말인가. 손에 들어와야 버릴 수 있고 생각을 해야 잊을 수 있기에 장군은 백마에 대하여 한번 정도는 생각의 끈을 확인하지 않았을까!

이덕무는 『홍의장군전』에서 아버지가 별세하자 執喪(집상)에 정성을 다하였다. 이때 애첩이 병이 심하여 곧 죽게 되었는데 울면서 한번 만나보기를 청하니 "죽은 뒤의 부고는 받을 수 있지만 만나 볼 수는 없다"고 하였다. 그 여인은 죽어서 백마로 태어난 것이 아닌지.

곽재우는 의병을 모으러 장터로 갔는데 군중이 웅성거리고 백마가 흥분하여 앞발을 들고 사납게 울부짖고 있었다. 주인은 "도무지 길들여지지 않아 이 말을 다스리는 자에게 그저 주겠다."고 한다. 백마는 곽재우 눈과 마주치자 수줍은 새색시처럼 고개를 숙이며 조용해졌다!

곽재우 장군은 망우정에서 세상을 떠났지만, 우리 가슴 속에는 임진왜란의 영웅으로 남아있다. 또 학생들에게는 존경받는 위인으로 자리매김 되고 있다. 장군의 유적지는 의령과 창녕을 전국적으로 알리는 데 큰 역할을 하는데, 홍보효과를 돈으로 환산할 수 있겠는가!

장군의 생가와 망우정을 편안하게 왕래 할 수 있도록 약도가 포함된 안내판을 설치하고, 교통 안내판에도 소개를 곁들이며 생가에 장군의 흉상 및 정암진 전투의 전황판을 세우고 망우정 주변에 다양한 볼거리를 준비하면, 찾는 이에게 큰 깨우침을 줄 것으로 기대된다.

3부

황강과 부소산

아막재 넘어 다라리

아막 터널은 초계와 쌍책을 연결하는 굴이다. 초계 시장을 지나 산길을 오르면 터널이 보인다.

단봉산의 연봉 협곡을 아막재 또는 브이재라고 하는데 얼마나 골이 깊었으면 V자로 표현했을까. 걸어서 아막재 넘기에는 땀깨나 흘렸을 것 같다. 혼자는 벅찬 노정으로 일행을 꾸려 넘었을 것이다. 무리 중에는 재담꾼도 있고 소리꾼도 있는 법, 구수한 얘기와 가락이 함께하면 발품을 줄일 수 있기에 이들의 사연이 많았을 것 같다. 아막재에 관련된 자료를 수집하고 조사하여 유래비에 담아놓으면 두 고을이 한결 정겨워 질 것 같다.

초계에서 비탈길을 오르면 터널 중간에서부터 내려가는데 차량 운행이 가능하기에 이동은 잠깐이다. 옛적의 지루한 시간도 오늘날에는 순간이다. 좌우가 막힌 S형 길을 내려가다가 시야가 트이는 지점에서 유난히 눈에 들어오는 산이 있다. 마치 어미닭이 양 날개를 펴고 병아리를 감싸고 있는 형상이며 소나무가 숲을 이루고 있다.

화강석에 맵시를 갖춘 두 마을 이정표를 만난다. 오른쪽에 제천 마을 왼쪽으로 오서마을이다. 烏西(오서)는 까마귀가 서쪽으로 간다. 또는 서쪽에서 까마귀가 날아와 앉았다라고 해석할 수 있겠다.

까마귀가 보통 새인가. 글자 생성부터 의미가 깊다. 까마귀는 털도 검고 눈도 검어 구분하기 어려워 鳥(조)자에 눈 부분에 해당하는 一(일) 획을 없애 烏(오)라는 글자가 되었다. 마을 이름에 까마귀가 등장하는 것은 깊은 뜻이 있겠지….

400년 광개토대왕이 신라의 요청으로 남정을 하자 위기에 몰린 금관가야의 지배층과 백성이 왜로 건너가고 일부는 낙동강을 거슬러 올라오다 황강으로 방향 잡아 이 지역에 닻을 내리니 多羅國(다라국)이 되었을 것으로 추정되고 있다. 김해에서 본다면 오서마을은 서쪽에 위치한다.

이정표를 지나 조금 이동하면, 황강을 가로지르는 콘크리트 烏西橋(오서교)이다. 길이는 305미터 폭은 8미터로 1999년 11월 말에 개통 되었다.

이전에는 공중다리가 있었다고 한다. 일명 출렁다리라고 하는데 체중이 이동할 때마다 흔들려 중심을 놓치면 넘어지기도 했다고 한다. 구멍이 있는 철판을 바닥에 깔아 치마 입은 처녀들이 지나갈 때 동네 총각들이 다리 아래에 숨어 있다가 다리발을 흔들면 처녀들이 무서워 주저앉는 것을 즐겨 보았다는 이야기가 전설이 되었다.

시대를 더 거슬러 공중다리 이전에는 배로써 강을 건넜는데 나루터는 쌍책초등학교 교문 앞 법성정이며 아름드리 정자나무가 즐비하고 나루터로 통하는 문이 있다.

쌍책면의 중심 거리는 쌍책중·초등학교와 쌍책치안센터, 면사무소, 우체국를 연하는 길이다. 지금은 우회도로에 주도권을 넘기고 옛길로 자리매김하고 역사의 거리가 되었다.

우체국을 지나면 성산마을회관이 나온다. 마을의 내력을 돌에 새겼다.

이 마을은 고대 다라국의 도읍지로 옛 성터를 등지고 앞으로는 덕유산에서 내려오는 황강의 맑은 물이 법성정을 감싸고 흐르는 배산임수의 명지이며, 마을이름을 성산 또는 누에 꼬리 모양을 닮아 잠미라고 한다.

성산리는 다라국의 도읍이다. 마을은 비탈에 형성되고 높은 언덕에 느티나무 숲이 있고 마을신에게 제사를 모시는 제단이 있다. 사방이 잘 보여 전망대 또는 지휘소로 역할을 하였을 것이다. 도읍지가 있고 성터가 있는 것으로 봐서 다라국은 확실하게 존재했던 나라이다. 가야의 기록이 미비하다고 하니 사료를 찾는 사업을 대대적으로 추진해야겠다.

마을에서 왼쪽으로 조금 가면 황강을 잘 볼 수 있는 관수정이 있고, 입구에 남명 선생 시비가 있어 발걸음을 멈추게 한다.

황강의 정자에 쓴다

강 위로 제비 어지러이 날고 비 묻어오는 데

보리 누렇게 익어 누렁 송아지 분간 할 수 없네
접때부터 손의 마음은 아무런 까닭도 없이
외로운 기러기 되었다가 또 구름이 되기도 한다네

성산리 야트막한 고개에 오르니 소나무 숲이 보이고 그쪽으로 능선을 따라 이동하면 소나무 사이로 높다란 고분이 슬쩍 슬쩍 모습을 드러낸다. 옥전고분군이다. 4～6세기에 만들어진 가야 고분군이다.

1000기 가량의 고분 중에서 지름 20～30m 대형 고분 18기가 밀집되어 있고 경상대학교에서 발굴하였는데 M2호 고분에서 출토된 2000여개가 넘는 구슬과 구슬을 갈았던 갈돌은 구슬밭(玉田)이라는 지금의 지명을 뒷받침하는 중요한 자료이다. 특히 M3호 고분에서 당시 최고 지배자를 상징하는 용봉문환두대도 4자루가 출토되었다.

고분을 돌아보고 이리저리 걸어보며, 동쪽 골짜기로 방향을 잡아 비탈길에 몸을 맡기며 흥얼거려본다.

인생은 소나무 사이로 지나가는 한줄기 바람이련가
다닥다닥 붙은 바가지 위로 바람은 구름과 어울리네
아, 지나고 또 다가오는 바람은 항상 그것이려니

고분군 아래 한적한 곳에 합천박물관이 있다. 앞에 분수대가 있고 그 중앙에 칼날은 바닥으로 박히고 황금 손잡이가 있다. 손잡이 머리에는 용과 봉의 조각이 있고 둥근 테로 보호받고 있다. 용봉문환두대도이다. 밖으로 보아 우측에 봉의 머리, 좌측에 용의 머리가 배치되어 있고, 바로 겹쳐 하나가 되며, 몸통은 칼날이 되는 형상이다. 합천박물관의 상징으로 적절한 장식이다.

새·기린·거북·용을 상서로움을 상징하는 사서라고 불렀다. 새는 鳳凰(봉황)을 가리키는데 수컷을 봉 암컷을 황이라 한다. 봉황은 성천자 하강의 징조로 나타내고, 용은 몸이 거대한 뱀과 비슷하여 네발을 가지며 뿔은 사슴에 귀는 소에 가깝고 깊은 못이나 늪, 호수, 바다 등 물속에서 사는 데, 때로는 하늘로 올라가 풍운을 일으킨다.

M3 고분에서 손잡이에 용과 봉이 조각된 대도가 4개나 출토되어 한 사람을 매장한 것인지 다수의 지배자를 시대를 두고 매장한 것인지 궁금하다.

박물관에서 들판을 건너 보이는 마을이 多羅里(다라리)이다. 일본서기나 양직공도에 보이는 가야의 다라국으로 추정할 수 있는 근거가 되는 소중한 지명이다. 일본에서 제철을 의미하는 多多羅(다다라)가 여기에서 비롯되었을 가능성에 연구가 있어야겠다.

가을이 되면 많은 일본인 방문객이 옥전고분을 찾는다고 한다. 이곳이 그들의 조상과 연고가 깊다고 판단하기 때문이리라. 그 조상은 황강과 낙동강 물길 따라 바다를 건너 왜로 건너가 정착하지 않았을까?

마을 입구에 세운 큰 돌에 초서체의 多羅里(다라리)에서 신비로움을 느낄 수 있었다. 부소산 아래에 계촌이라는 부락이 있어 산세와 연관

합천박물관 맞은편에 있는 다라리는 다라국으로 추정할 수 있는 근거가 되는 지명이다.

이 있는 듯하며 얼기설기 전해오는 이야기도 많을 것 같다.

어찌 한번 보고 모두를 봤다고 할 수 있겠느냐, 어찌 한번 귀 기울인다고 다 들었다고 하겠느냐, 귀를 가까이 더 가까이, 눈을 크게 더 크게 뜨고 두루 보아라! 하는 소리가 들리는 듯하다.

하루 빨리, 다라국의 모습을 볼 수 있기를 기대해 본다.

다라국 후예

다라국은 검은 커튼에 가려진 비밀의 왕국이다. 커튼이 열리자 가야 제국의 역사를 다시 써야 할 것이다.

황강 변에 다라국이 있어 덩이쇠 등으로 대륙 및 왜로 교역을 하였다. 폭풍우가 몰아치던 임오년(562) 음력 시월 보름날, 8대 왕에 160여 년의 다라국은 신라에게 멸망한다.

그날 밤 소정공주가 이끄는 유민은 14척의 배로 바다 건너 규슈의 다라방(왜에 건설한 다라국의 식민지)에 안착하여 대다라국을 건설하려 한다. 그러나 토착 세력에 몰살당하는데 생존한 극소수가 지금도 대를 이어오고 있는데 가보로 전해오던 다라국이 멸망하기 두 달과 최후를 기록한 '多羅春秋(다라춘추)'라는 사료를 입수하여 《불멸의 대다라》(임종욱 작)이라는 책으로 세상에 나왔다.

책 속의 장소를 확인하고 싶었다. 합천읍을 비켜 초계로 길을 잡는

가야지역에서 유일하게 남아 있는 토성과 목책으로 이루어진 다라국 도성의 전모가 밝혀졌다.

다. 절벽과 황강의 머리카락 굵기 틈에 길을 열면서 낙하 돌에 대비해 터널을 설치하였다. 그 앞에 합천박물관 이정표가 있다. 읍에 있을 박물관이 쌍책에 있다니!

모여곡(毛汝谷)을 지나는데 황강이 얼마나 산을 깎았으면 바위가 절벽이 되었을까. 좁은 다리로 차를 이동시키는데 절벽에 부딪칠까 브레이크에 발이 올라간다.

난중일기에 이렇게 묘사하고 있다.

> 1597년 6월 4일 계해. 흐리다가 맑음. 기암절벽이 천 길이나 되고 강물은 굽어 흐르고 깊었으며, 길에는 또한 건너지른 다리(棧道)가 높았다. 이 험요한 곳을 눌러 지킨다면, 만 명의 군사도 지나기 어려울 것이다.

잔도란 아래로 천 길 낭떠러지, 위로는 떨어질듯 바위기둥 사이 절벽에 다리발을 심어 그 위로 나무 또는 돌을 깔아 하늘에 있는 사다리와 절벽과 절벽 사이에 높이 걸쳐 놓은 다리를 일컫는 말이다.

아막재 터널을 지나니 산이 둘러싸고 황강으로 띠를 두른 쌍책면이 나온다. 삼거리를 지나 폐교된 쌍책중 터를 찾았다. 운동장에 잡초가 무성하다. 손길을 벗어난 정원수는 교실을 가리고, 녹슨 자물통으로 채워진 현관문에 날개를 편 독수리 사진에 '가장 높이 나는 새가 가장 멀리 본다'는 글귀를 남기고 학생들은 새가 되어 날아갔나 보다.

교문으로 나오다 모교를 잃은 졸업생들에게 조금은 위안이 될 듯한 풀에 가려진 교적비를 발견했다. 전면에는 '다라국 후예들이여! 추억하라 정겨웠던 학창시절을, 총36회 3,024명 졸업, 2010년 2월 28일 문을 닫았다.' 라고 새겼고 뒷면에서 건립 연월일, 운영위원장, 학교장의 이름을 읽을 수 있었다. 폐교 당시 3학년은 진학하겠지만 1, 2학년은 어디로 갔을까!

우리 역사서에는 없는 다라국에 대한 기록을 『일본서기』, 〈신공황후조〉에서 볼 수 있는데 임나일본부 설치 및 정한론의 근거가 되고 있다.

> 49년(369) 봄 3월에 황전별과 녹아별을 장군으로 삼아 백제 사신 구저들과 함께 군사를 이끌고 바다를 건너 탁순국(동래로 比定)에 이르다. 신라를 치려할 제 병사가 적어 군사를 더 내어 주도록 요청하여 목라근자와 사사노궤에게 정병을 이끌어 보냈다. 탁순국에 이르러 신라를 쳐부수고 이어 비자말·남가라·녹국·안라·다라·탁순·가라의 일곱 나라를 평정하여….

성산마을 기슭에 성벽 발굴 작업이 한창이다. 2015년 8월 25일 합천박물관에서 발굴 학술자문회의가 개최되었다. 가야지역에서 유일하게 남아있는 토성과 목책으로 이루어진 다라국 도성의 전모가 밝혀졌다. 우리나라에서 이처럼 확실한 가야 도성의 전모가 확인 된 것은 이번이 처음이라고 한다.

소설에 다라국을 북다라산(가야산), 남다라산, 동다라산, 황매산 등으로 넓혔는데 현재 알려진 왕궁은 성산리 내촌마을 뒤쪽 구릉에 위치하였고, 법성정 부근을 황강포구로 전해온다.

이 책에서 서술하는 포구는 어디쯤일까?

도성에서 가장 번화한 포구에서 5리 쯤 떨어진 언덕 아래 다라국의 왕궁은 자리했다. 언덕 뒤 산에는 전란 때를 대비한 산성이 띠처럼 하얀 원을 두르며 왕궁을 굽어보고 있었다. 중앙에 높은 망루가 있었고, 주변에는 저마다 제 역할을 맡은 건물들이 줄지어 들어섰다.

다라국 역사가 햇볕 속으로 나오는 날, 임나일본부설은 허위로 밝혀 질 것이며 이 같은 역사적 쾌거의 중심에 합천이 자리하게 될 것이다.

다라국 후예들이여, 찬란하게 빛나라!

쌍책중 교장으로 명을 받고, 2009년 8월의 마무리 휴일에 학교를 찾았다. 오서교를 건너니 좌측으로 황강에 붙은 학교, 이어 다른 학교가 보인다.

어느 쪽이 근무할 학교일까. 궁금하다. 조금 더 진행하니, 옥상 문자판에 쌍책중학교가 눈에 들어온다. 아, 여기와 인연의 맺기 위하여 얼마나 헤맸던가, 얼마나 내공을 쌓았던가.

학교는 너무 조용했다. 운동장 뒤쪽에 30년 이상의 히말라야시다 4그루, 느티나무 5그루, 은행나무 7그루, 벚나무 3그루가 보인다. 느티나무에는 까치가 집을 지었다.

교문 앞에 지름 4미터, 높이 50cm의 화단에 사철나무 한그루, 교문을 지나 왼쪽에 비바람에 퇴색되고 이끼를 머금은 비석 하나, 휴지로 천천히 닦고 고분의 지석을 살피듯 했다.

폐교를 앞두고 전교생과 교직원은 부소산에 올랐다. 다라국의 후예답게 분야에 최고 인이 되겠다고 다짐한다.

전면에 쌍책중학교설립표성비, 뒷면에는 변재규 외 27명의 명단이 새겨져 있다. 이들의 표성으로 현 위치에 보금자리를 마련할 수 있었다는 학교 역사의 귀중한 자료이다.

운동장 입구에 둥근 단을 쌓고 1978년 1월에 육성회장 류을영 외 3명의 열성으로 건립된 충효비가 있다. 섬잣나무에 가려진 석판을 확인하니 '어버이 살아 실제 섬기기를 다 하여라 지나간 후면 애달프다 어이 하리 평생에 고쳐 못할 일은 이뿐인가 하노라' 라는 송강 정철의 글이 있다.

전교생은 14명이다. 학생과 의미 있는 만남이 되고자 노력하였다. 항상 교장실을 개방하고 학생들과 장래 꿈에 대하여 대화를 나누었다. 12월 둘째 주에는 전교생과 무주리조트로 1박 2일 스키교육을 다녀왔고 12월 19일에는 부소산에 올랐다. 부소산은 다라왕국을 지켜

본 것처럼 쌍책중을 살펴보며 학생들은 쭉 그 산을 바라보며 생활한다. 정상에서 힘차게 교가도 불렀다.

12월 28일부터 30일까지 전교생이 서울 중심으로 선진문화 탐방을 가졌다. 특히 졸업생과 만남의 시간도 가졌는데 1회 전홍인 졸업생의 모교 폐교에 대한 글을 낭독할 때, 눈물이 앞을 가려 몇 번이나 중단되기도 했고, 교가제창으로 선후배는 한마음이 되었다.

1972년 3월 2일, 쌍책중은 학생 151명으로 개교하였으며, 70년대는 9학급 486명이였다. 금년에 우정학사에 4명이 선발되었고, 합천고에 5명이 합격하였다.

나는 쌍책중의 18번째 교장이며 가장 짧은 181일간 근무하는 교장이다. 이제, 쌍책중은 36회 졸업을 마지막으로 2010년 2월 28일 24:00. 학교기를 내리게 된다. 성실·창조·건강을 교훈으로 심신을 단련한 동문은 3,024명이다.

이곳은 다라국의 역사가 숨 쉬는 곳이 아닌가. 쌍책중 출신에게는 빛나는 역사를 창조한 다라국 조상들의 지혜가 녹아있다. 어디에서나 언제든지 필요한 일꾼이요, 뛰어난 능력을 발휘하는 사람이 될 것이다.

다라국의 후예들이여, 소질을 발휘하여 각 분야의 최고 인이 되소서!

뇌룡정

남명 조식 선생이 단성소를 작성하였다는 뇌룡정을 찾아보자.

진주에서 일반국도 33호선에 차를 얹어 송계를 지나 대의에서 옛 국도를 따라가다 4차선 밑으로 방향을 잡는다. 억겁을 양천강 물이 산기슭을 파고밀어 벼랑이 되었고 왼쪽으로 넓은 들판을 이루었다. 수령 450년 느티나무를 지나면 뇌룡정 입구라는 표지석이 있다.

남명 선생과 퇴계 선생은 조선 중기 영남 유림의 쌍벽을 이루며 유사한 점이 많고 제자 등으로 연관이 깊다. 두 분은 1501년 태어났으며, 남명 선생이 태어난 삼가면 외토리와 퇴계 선생의 처가 의령 가례는 40리 이내이다. 문정왕후의 전횡에 거세게 저항하였고, 합천읍 취적산과 황강의 절묘한 만남에 세워진 함벽루 지붕아래 시판이 나란히 걸려있다.

뇌룡정 대문 옆에 행정기관과 남명연구소에서 각각 雷龍亭(뇌룡정)

안내판을 설치하였다.

가. 안내판에서,

이 정자 건물은 남명 선생이 鷄伏堂과 함께 지어 학문을 연구하고 제자들을 가르쳤던 곳이다. 뇌룡이라는 말은 《장자》의 尸居而龍見 淵默而雷聲(시동처럼 가만히 있다가 때가 되면 용처럼 나타나고 깊은 연못처럼 묵묵히 있다가 때가 되면 우레처럼 소리친다)에서 따온 것이다.

나. 안내판에서,

선생의 자는 건중 본관은 창녕이며 남명은 호이다. 선생이 48세 때부터 61세 때까지 학문을 연구하고 제자를 양성하던 장소이다. 김해에서 출생지인 이곳 토동으로 돌아온 선생은 '뇌룡사'를 지어 사방에서 모여든 제자들을 가르쳤다. 뇌룡은 《莊子(장자)》의 淵默而雷聲 尸居而龍見(깊은 연못처럼 고요히 침잠해 있다가 때가 되면 천둥처럼 세상을 울리고 시동처럼 가만히 있다가 때가 되면 용처럼 신묘한 조화를 드러낸다)에서 따온 말이다. 또 건너 산기슭에 鷄伏堂(계복당)을 지었다.

뇌룡이라는 이름에 대하여, '시거이룡견 연묵이뢰성'에서 글자 하나씩 따왔다면 '룡뢰'가 되고 반면에 '연묵이뇌성 시거이룡견'에서 옮겼다면 '뇌룡'이다. 《莊子(장자)》에서 인용하였다면 뇌룡의 순서에 따라 구절을 연묵이뇌성 시거이룡견 맞추는 것이 바람직하다.

鷄伏堂을 계복당으로 읽어야 할까?

伏은 엎드릴 복 또는 안을 부로 쓰이는 바, 제자를 키우는 집이라 닭이 알을 품는다는 계부를 사용하여 계부당이 타당하다고 본다.

문화는 전래되어야 생명력이 있다. 젊은 세대와 학생들이 알아야 한다. 한글세대는 한자도 잘 모르고 한문은 더욱 이해하지 못한다. 안내문을 학생 눈높이에 맞춰 작성됨이 필요하다.

기양루 그리고 괴정

삼가면 소재지에서 가회로 가는 길목에 경상남도 유형문화재 93호 기양루가 있다. 우에서 좌로 岐陽樓(기양루)로 적고 처마 밑에 걸렸다. 조선시대 삼가현 성 안에서 연회 장소로 사용되었던 건물이다. 신라 경덕왕 때 삼기현에서 강양군으로 변경되어 '기'와 '양'자를 따서 기양루로 되었다.

기양루에 오르면 두 개의 대들보가 있다. 좌청룡이라 동에서 서로 몸통을 걸치고 대들보에 머리를 얹었는데 혀를 내밀고 뿔이 솟았고 비늘을 푸르게 채색하였다. 동으로 보는 용에는 뿔과 혀는 없지만 비늘이 노란색이라 황용이다. 용을 다듬은 나무는 곧게 자랐다가 옆으로 기울었다가 바로 올라간 형인데 이 같은 나무를 쌍으로 구하려 목수는 얼마나 헤맸을 것인가!

처마 아래에 嘉樹軒(가수헌), 嘉樹軒重修記(가수헌중수기), 近民堂重修記(근민당중수기)의 현판이 있다. 기양루를 용도에 따라 '가수헌 또는 근민당'으로

신라 경덕왕 때 삼기현에서 강양군으로 변경되어 기와 양자를 따서 기양루로 되었다.

이름을 바꾼 것인지, 수집하여 보관하고 있는 것인지, 궁금하다.

서쪽 처마 안쪽에 양팔 길이의 현판이 있는데 오른쪽에 세로로 「國忌(국기)」로 제목을 하였다. 한글로 전환하면 태조강헌대왕 오월이십사일 건원릉 양주, 신의왕후한씨 구월이십삼일 제릉 풍덕, 신덕왕후강씨 팔월십삼일 정릉 양주, 성종에서 중종으로 이어지고, 선조 다음에 元宗(원종)이다. 기일 수는 64일이며 이날에 맞춰 관청 등에서 제사를 지내게 된다. 조선 시대의 복무를 연구하는 보존 가치가 있는 자료이다.

기양루를 내려와 금리 마을로 들어선다. 리어카가 겨우 통행할 수 있는 시멘 포장 골목길이다. 조금 가자 붕어가 미꾸라지를 삼키는 형상의 느티나무가 있다. 속은 검게 탔고 아들 나무가 그 속으로 생명을 유지하고 있다. 주인 할머니는 45년 전에 괴목을 수집하는 상인이 60만원을 준다는 그날 밤 큰 구렁이가 토막이 나는 꿈을 꾸고 팔지 않았다고 한다.

가회를 향하여 조금 이동하면 고목이 있고 그 아래 정자가 있다. 수령 500년의 팽나무인데 뿌리에서 많은 발근이 되는 다발성이라 지면 위에 열두 줄기가 여섯으로 합쳤고 외에 많은 밑 둥이 엉켜 둘레 6미터, 높이 23미터이다.

정자 앞에 이충무공백의종군로 표지석에,

> 괴정(槐亭) : 정유년(1597년) 6월 2일. 장군은 비가 오락가락하는 날씨 속에서 아침 일찍 길을 나서 단계천 시냇가에서 아침 식사를 하고, 삼가에 도착하여 관사에서 유숙하였다. 삼가현에서 5리가량 떨어진 두모리 홰나무 정자아래 앉아서 잠시 쉬었다. 이때 근처에 사는 '노순일 형제'가 찾아와 위로하였다.

'노순일 형제'는 애매한 표현이다.

교감 완역 『난중일기』(노승석 옮김, 민음사, 2011)에는 근처에 사는 노순(盧錞)·노일(盧鎰) 형제가 와서 만났다(近居盧錞 · 盧鎰 兄弟來見)로 하였다. 노순은 『망우집』, 「용사별록」에서 임진왜란이 발생한 4월에 군량 운송을 주관한 인물이며, 이로의 『용사일기』는 윤탁, 박사겸 등과 함께 삼가 일대에서 의병으로 활동했다.

형제란 형과 아우를 말하는데 '노순일 형제'라는 표기 보다는 노순과 노일 형제 또는 노순·일 형제로 하면 무방할 것이다.

황계폭포

합천 일해공원을 지나 황강을 왼쪽으로 하여 4차선 위로 달린다. 영화세트장을 지나자 소나무가 울창한 도로로 접어들었다. 물길이 산을 만나 방향을 바꾸는지 절벽에 부딪치는 물소리 요란하여 속도를 줄이자 과연 뾰족한 산이 병풍처럼 둘렀다.

우로 고개를 돌리니 여기저기 아름드리 소나무가 보이고 얕은 돌담으로 둘러싼 정자가 있다. 차를 세우고 다가가니 시간을 돌리는 龍門亭(용문정)이다. 용문정 뒤로 희미한 산길의 흔적이 남아 있다. 내가리에서 용문정으로 오는 산길이다.

1974년도에 이 길을 걸었던 기억이 새롭다. 내가리에서 태어난 유해문 과우가 어찌나 용문정을 자랑하던지 대학 1년 여름방학에 8명이 내가리에서 능선을 타고 산을 넘어 정자 마루에 이불을 덮고 며칠을 생활하였다. 밤에는 추위에 떨었고 물소리에 잠을 설쳤지만 모기에 시달린 기억은 없다.

정자 앞의 계곡에서 쏟아진 물이 절벽으로 휘돌아 바닥을 팠던지 실타래 한 개가 풀리는 沼(소)가 되고 반대편으로 모래사장을 이루었다. 마침 은어가 올라오는 철이라 물 반은 고기라 막대로 물을 내리치면 놀란 은어가 백사장으로 튀어나와 이리저리 뛰는 진풍경을 연출하였다. 해문이는 빙그레 웃고는 보란 듯이 족대를 한번 들어 올리면 양동이 반을 채웠다.

콘크리트 벽이 보인다. 높이에 놀라 눈동자가 고정되었는지 계곡으로 차가 쏠리는데 '무학왕사 출생사적비' 앞에서 정차하였다. 왕사는 1327년 탑동에서 출생했고 이름은 자초요 호는 무학이다. 18세에 출가, 경기도 용문산 용문사에서 혜명국사에게 법을 배웠다. 1392년 태조에 의해 왕사가 되고 수도를 한양으로 정하는데 결정적 역할을 한다. 이곳 향리에는 출가 전에 남긴 무학샘, 무학탄 등 많은 유적과 일화가 있다. 그런데 속가 성씨는 무엇인고.

황계폭포를 목적지로 하고, 합천댐기념탑을 지나 좌회전하여 가파른 오르막길을 몇 구비 돈다. 높은 해발에 넓은 들판을 지나고 다시 내리막에 32개의 구비를 돌고 4개는 반 회전이다. 마을 앞에 황계폭포 안내판과 볼록거울이 설치되었다.

계곡 따라 500미터를 올라가자 쉬어 가라는 듯 紫煙亭(자연정)이 있고 옆에 남명 선생의 황계폭포 시비가 반겨준다. 원문과 한글번역문을 새겼다.

달아 맨 듯 한줄기 물 은하수처럼 쏟아지니,

계폭포는 애절한 사연을 담고 있다. 검일의 부인은 더럽혀진 몸으로 남편을 대할 수 없다며 폭포에 몸을 던졌다.

구르던 돌 어느 새 만 섬의 옥돌로 변했구나.
내일 아침 여러분들 논의 그리 각박하지 않으리.
물과 돌 탐내고 또 사람까지도 탐낸다 해서,

숲길을 조금 돌아가자 폭포는 3단이고 바탕에서 세 갈래로 갈라져 폭포 연을 이루고 있다. 폭포수는 내려오는 방향으로 흘러나와야 소리가 울리는데 앞쪽에 산이 있어 60도 만큼 방향을 틀어 물이 빠져나가는 형태라 소리도 힘을 잃고 안쪽으로 깊숙한 연못을 이루어 물살이 천천히 회전하고 있다.

대야성은 첩첩산중의 천연요새로 둘러싸여 성은 높고 벽은 두꺼웠는데 내부로부터 함락 조짐이 있었다. 성주는 부하 검일 부인의 미색에 혹하여 검일을 금성으로 출장을 보내고 겁탈하였다. 여인은 남편을 볼 수 없다며 황계폭포에 몸을 던진다. 검일은 부인이 성주의 욕망으로 자살하였음을 알고 복수를 결심한다. 식량 창고를 불살랐고 백제군은 입성하게 된다.

8월 말에 폭포를 찾았을 때에는 국화가 산에 들에 피어나 두 송이 들국화를 따서 연못에 놓았더니 하나는 흘러나가고, 다른 하나는 맴도는 모습에서 검일 부인의 넋인 듯하였다. 온 산이 붉게 물들면 황계폭포는 한 점의 산수화가 태어나겠구나.

비석을 단장하면 문화가 보인다

합천에서 이십 리 지점에 樂民(낙민)삼거리가 있다. 직진하면 황강 따라 가는 길이고 우로가면 초계, 쌍책이다. 우측 벼랑에 넉넉히 낙민 들판을 내려다 볼 수 있는 높이에 특이한 구조물이 있다. 차를 세우고 올려다보니 시멘트 비각 속에 쑥색의 비석이 있다. 孝婦長興○氏之碑(효부장흥○씨지비)이다.

비문 좌우로 각 2줄씩 한 줄에 여덟 자의 한자로 내역을 새겼다.

祈星十載 姑眼□'明 室如□磬 甘旨常繼 病□脂血 乃復□生 他山□石 此可□語

치성으로 간호하여 시어머니의 시력이 회복되고 지극 정성으로 모셨다라는 내용으로 짐작된다.

글자가 비바람에 마모되어 읽기도 어렵고 뜻을 해석하기는 더 힘들다.

흥미 있는 글자를 볼 수 있었다. 밝을 明(명)자는 日(일)과 月(월)의 합자로 日(일)은 밝음을 나타내는 陽(양), 月(월)은 어둠을 나타내는 陰(음)을 상징하는 것으로 알고 있다. 그런데 日(일)에 한 획을 더하여 目(목)로 하여 眀으로 새겼다. 이는 글자를 새긴 사람 또는 비문 작성자의 단순한 실수로 볼 것인지 궁금하다.

어제가 없는 오늘이 없고, 오늘이 없는 내일은 없다. 부모 없는 자식이 어찌 있을 수 있겠는가, 효도하고자 하지만 부모는 기다려주지 않듯이, 소중한 옛 것을 관리하지 않으면 사연은 사라지고 기념물이 된다.

우선 도로변에 있는 비석이라도 원문의 한자 풀이 및 알기 쉽게 해석, 설립 내력을 덧붙인 안내판을 설치한다면 다시 생명을 얻게 될 것이다.

이 같은 우리 옛 것 들여다보기에 지역대학생, 향토사학자 등으로 사업단을 구성하여 추진하면 향토 문화재 관리의 새 지평을 여는 효과는 물론 자료를 홈페이지에 탑재하면 좋겠다.

이순신백의종군로

합천군 삼가중학교 입구, 쌍백치안센터 앞, 대양면 덕정삼거리 근방에 충무공 이순신장군백의종군로 안내판을 볼 수 있다.

낙동강 상류에 위치한 이곳 합천은 중요한 군사적 요충지가 되어 당시 초계지역에 권율 도원수부(權慄 都元帥府)가 위치하게 되었다. 이때 삼도수군통제사로 있다가 원균 등의 모함으로 억울한 옥살이를 하던 이 충무공이 백의종군의 명을 받고 이곳 권율 장군 휘하에 와 47일간을 머물게 되었다. 정유년 4월 4일 한양(서울)을 출발한 이 충무공은 천안과 구례, 단계를 거쳐 동년 6월 2일 우리 고장 삼가에 도착하여 장맛비로 이틀간을 관사에서 머물다가 6월 4일 이른 새벽에 출발하여 쌍백, 대양, 율곡을 거쳐 초계 권율 도원수부에 도착하였다. 7월 18일 이곳 합천을 떠났으며, 남은 배(戰船) 겨우 12척과 빈약한 병력으로 막강한 왜군과 대결하여 적선 31척을 침몰시키고 대승을 거두었다.

최근에 발간된 난중일기 번역본과 비교하면 차이를 알 수 있다.

안내문에 '정유년 4월 4일 서울을 출발했다'에 대하여,

4월 1일. 신유. 맑음. 옥문을 나왔다(得出圓門). 남대문 밖 윤간의 여종 집에 이르니, 조카 등과 함께 앉아 오래도록 이야기 했다.

4월 2일 임술. 종일 비가 계속 내렸다. 여러 조카들과 이야기 했다.

4월 3일. 계해. 맑음. 일찍 남쪽으로 길을 떠났다(早登南程). 금오랑 등은 먼저 수원부에 이르렀다.

4월 4일. 갑자. 맑음. 일찍 길을 떠나(早發登程), 진위구로(평택시 진위면 봉남리)를 거쳐 냇가에서 말을 쉬게 했다.

요약하면, 4월 1일 옥문을 나왔고, 4월 2일 휴식, 4월 3일 일찍 남쪽으로 길을 떠났다. 4월 4일 일찍 길을 떠났다.

안내문의 한양 출발 일자 4월 4일을 4월 3일로 정정해야겠다.

'초계지역에 권율 도원수부(權慄 都元帥府)가 위치하게 되었다'에 대하여,

5월 23일. 계축. 맑음. 남풍이 세게 불었다. 내일 초계로 가겠다고 고하니 체찰사가 이대백이 모은 쌀 두 섬을 帖紙(첩지)로 써 주었다.

6월 4일. 계해. 흐리다가 맑음. 강을 건너지 않고 곧바로 십리 남짓 가니 원수의 진이 바라보였다(元帥陣望見矣).

7월 23일. 임인. 비가 오다 개다 했다. 아침에 노량에서부터 만든 공문을 송대립에게 주어 먼저 元帥府(원수부)에 보냈다(先送于元帥府).

이상에서 당시 초계에는 '원수부'가 있었다고 기록되었다.

'남은 배(戰船) 겨우 12척과 빈약한 병력으로 막강한 왜군과 대결'에 대하여, 실제 해전에서 침몰되지 않은 1척을 합류시켜 13척으로 31척을 격파하였다.

이상은 이충무공의 난중일기 중 '합천길 백의종군 기간'의 자료를 중심으로 정리하였으며 '이충무공 백의종군로 안내판(2003. 6. 합천향토사학회)'의 내용 검토가 있기를 기대해 본다.

– 참고도서 『난중일기』 교감 노승석, 2015년 4월 23일 도서출판

윤충은 이름이고 允忠으로 쓴다

취적산 기슭에 볼거리가 자리하고 있다. 앞에서 보아 오른쪽부터 안내판, 검은 비석, 비각, 기념탑이다. 비각 안에 新羅忠臣竹竹之碑(신라충신죽죽지비)가 있고 검은 비석은 죽죽비 요약이며 안내판은 죽죽비의 한글 설명문이다. 그 외에 비각 오른쪽에 三一(삼일)운동기념탑이고 그 옆에 대야성 설명문이다.

죽죽비는 균열이 있고 음각된 한자는 비바람에 마모되어 판독이 어렵다. 어렴풋이 大野城(대야성)으로 읽을 수 있다.

한글 설명문에서,

이 비는 신라 선덕여왕 11년(642)에 대야성(大耶城)에서 전사한 죽죽의 충절을 기리기 위해 세운 것이다. 대야성은 윤충(尹充)이 이끄는 백제군에게 포위되었다. 이때 성주 김품석에게 아내를 빼앗긴 검일이 창고에 불을 질러 성안을 혼란에 빠뜨렸다. 이에 전의를 잃은 김품석은 부하인 죽죽의 만류를 뿌리치고 항복하였다. 백제군이 항복하러 나온 사람들을 모두 죽여 버리자 김품석은 아내와 자식을 죽이고 자신도 자살하였다.

주변에서 죽죽에게 훗날을 기약하고 항복을 권유한다.

"아버지가 나를 竹竹(죽죽)이라 이름 지은 것은 추울 때에도 시들지 않고, 꺾일지언정 굽히지 말라 함이다. 어찌 죽음을 겁내 항복하리요." 라고 말하고서 싸우다 전사한다. 1644년(조선 인조 22.)에 합천군수 조희인에 의해 건립되었다.

비문은 그 시대에 맞게 갈고 닦은 글이다. 죽죽 비문은 373년 전 시대의 표본이다. 대야성을 大野城(대야성)으로 표기되었고, 『삼국사기』에 선덕왕으로 기록되었는데 설명문에는 선덕여왕이다. 언제부터 大耶城(대야성) 및 여왕으로 되었는가.

대야성 전투는 삼국통일의 계기를 마련했다고 평가되고 있다.

554년 백제 성왕은 태자 창이 신라군과 대치하고 있는 옥천 관산성으로 격려하러 수십 기의 기마병을 이끌고 가다가 삼년산성에서 출발한 신라군에게 목이 잘려 죽었다. 시신을 돌려주지 않고 대전으로 통하는 길에 파묻어 많은 사람들이 밟고 다니게 했다고 전해진다.

관산성 전투의 88년 뒤, 의자왕 2년(642) 7월 대장군 윤충에게 신라를 쳐서 선대로부터의 고토를 되찾으라는 명령하니 義直(의직)을 선봉장으로 삼고 장군 階伯(계백)을 부장으로 삼은 군사 일만의 군사가 부여를 출발

한다.

대야성은 신라군의 본영이고 성주는 대단히 용맹하고 신라가 이끼고 자랑하는 김품석이며 부인(고타소랑)은 김춘추의 딸이다. 딸이 어떻게 죽었는가에 따라 김춘추의 무게 중심이 달려졌을 것이다.

고타소랑의 죽음을 비문과 삼국사기는 다르게 기술되고 있다. 죽죽비문에 김품석은 아내와 자식을 죽이고 자신도 자살하였다. 『삼국사기』에는 성주 품석이 처자와 더불어 나와서 항복했으나 윤충은 이들의 목을 베어 사비성으로 보냈다.

김춘추는 사위와 딸이 죽었다는 소식을 듣고 하루 내내 기둥에 기대서서 눈 한번 깜박이지 않았다고 한다. 무슨 생각을 하였을까.

642년 겨울 김춘추는 평양성을 방문하여 연개소문과 동맹을 추진하지만 죽령 이북 땅을 돌려달라고 요구하여 결렬되고 기지를 발휘하여 탈출한다.

648년 김춘추는 당태종(이세민)을 만나 강하고 교활한 백제가 바다를 지키고 있어 당에 조공을 바칠 수 없으니 백제를 무찌르게 힘을 합치기를 요청하고 이세민은 고구려 후방을 교란하는 효과가 있어 동맹을 맺는다. 나아가 김춘추는 아들을 인질로 하고 복장까지 당나라에 따르겠다고 약속하였다. 돌아오는 길에 고구려 순찰선에 걸려 위기에 처하지만 온군해가 대신 복장을 갖춰 죽음을 당한다.

660년 나당연합군은 사비성을 함락하고 백제는 멸망하며 의자왕은 치욕적인 항복의 예를 하고 장안으로 끌려가고 그곳에서 최후를 맞게 된다. 백제부흥군의 저항이 거세지고 왜에서도 지원군을 보낸다.

대야성 설명문에 '백제 장군 윤충(允忠)이 대야성을 침공하였다.' 라고 한다. 죽죽비 설명문에서는 윤충을 尹充(윤충)이라 하고 있다. 같은 사람을 같은 장소에서 다르게 표기하고 있다.

대야성이 함락되자 주민 천여 명이 백제로 끌려가 노예가 된다. 합천 사람에게 윤충은 반가운 인물일까. 윤충을 尹充(윤충)으로 알려져 尹을 姓으로 이해한다면 尹氏(윤씨) 가문은 마음이 편치 않을 것이다. 윤충은 允忠(윤충)이고 백제 충신인 成忠(성충)의 동생이며 성은 부여(夫餘)이다.

죽죽비문 연구 및 윤충의 바른 이해를 합천군 사업으로 추진이 어떨지. 우선 죽죽비 설명문에 윤충을 允忠(윤충)으로 정리해야 할 것이다.

4부

남강과 비봉산

비봉산에 오동나무를 심자

飛鳳山(비봉산)은 상서롭고 고귀한 봉이 높이 날아오르는 산이라는 해석으로는 아쉬움이 남는다. 비행기가 이륙하였으면 착륙을 하듯 봉이 날았다면 내려앉아야 할 것이다. 비봉산은 봉황이 날아가는 산이 아니고 노니는 산이 되도록 조성해야 할 것이다.

창렬로와 산청 국도 3호선이 교차되는 지점에 오죽광장이 있다. 원형의 단을 쌓고 오동나무와 대나무가 숲을 이루고 있다. 오동나무는 4월부터 6월까지 넓적한 잎과 연분홍 초롱꽃을 피우고, 여물면 두 쪽으로 갈라지는 다닥다닥 붙어 있는 각질의 열매로 웅장함과 튼실한 자태를 자랑하게 된다.

상봉동 구역에 동민들이 안내판을 세었다.

이 지역은 비봉산, 봉 알자리와 함께 봉황이 대나무 열매를 먹고 오동나무 숲에 깃들어 산다고 하는 우리 진주의 전설이 서린 곳입니다. 옛날에는 오동나무와 대나무 숲이 있었다는 이 고장의 유래에 따라 이곳을 오죽광장이라고 부르게 되었다.

鳳凰(비봉)이란 암수를 가리키는 말로 봉은 수컷이고 황은 암컷이다.

2011년 10월 우리나라 제5대 국새가 정부 중앙청사에서 공개되었다. 국새 내부를 비우고 손잡이인 인뉴와 아랫부분인 인문을 분리하지 않고 한 번에 주조했으며 인뉴에는 봉황 한 쌍과 무궁화를 새겼다고 설명하였는데 특기할 만한 사항으로 '봉황 한 쌍'이라 표현하여 두 마리라는 것을 강조하였다.

오동잎 떨어지는 소리에 가을이 왔음을 안다!

예로부터 우리 조상들은 오동나무를 신성하게 여겼다. 봉황은 오동나무에만 둥지를 틀며 대나무 열매를 먹는 전설적인 길조이다. 봉황이 깃들어 청아한 소리로 울면 온 천하가 태평해진다고 하였다. 줄기는 곧고 잎은 하늘을 덮어 선비 기개를 닮아 오동나무를 사랑채나 정자 근처에 즐겨 심었다.

오동나무는 무늬가 곱고 내구성이 좋아 가구용으로 많이 사용하였는데 딸을 낳으면 무언의 약속으로 오동나무를 따라 심었다. 오동나무를 보며 꿈을 키우고 낭군을 그리워하다 시집가면서 그 나무로 장롱을 만들어 가져간다.

오동나무 잎은 넓고 두터워 빗방울 때려 큰북에서 나는 소리인 듯 육중하면서 은은하며 지면에 떨어지는 소리 또한 뚜렷하다. 사람들은 오동잎이 낙엽으로 변하는 것에서 시간을 보고 떨어지는 소리를 들어 계절이 바뀜을 알았고 그 소리로 생의 리듬을 증폭시켜 변신의 계기로 삼았다.

梧桐一葉落　　오동잎 하나 떨어지니
天下盡知秋　　가을이 왔음을 천하가 아네
春風桃李花開日　바람에 복숭아며 오얏 꽃이 만발하고
秋雨梧桐葉落時　가을비에 젖어 오동잎이 떨어져도
未覺池塘春草夢　못가에 봄풀은 아직 꿈도 깨지도 않았는데
階前梧葉已秋聲　섬돌에 오동잎 떨어지는 소리가 벌써 가을을 알리는구나

오동잎 하나 떨어지는 소리로 온 세상에 가을이 왔음을 알겠다는 것은 기미를 제때 읽어 넓은 세상으로 나갈 준비를 하라는 가르침이다. 복숭아 및 오얏나무는 봄바람에 꽃이 피건만 오동잎이 가을비의 무게를 견디지 못하여 낙엽 됨은 차마 못 다한 사랑에 한이 맺힌 듯하고 섬돌에 오동잎 떨어지는 소리에서 계절은 가을로 치닫는데 아직도 봄꿈에 갇혀 살 같이 흐르는 시간을 보지 못하는 어리석음을 질책함이다.

오동나무를 심는 뜻은 봉황을 보기 위함이다. 날아오른 봉황이 다시 내려앉을 수 있는 환경을 만들어주는 것이야 말로 진주시민의 여망이라 할 것이다.

봉황이 진주에서 영원토록 살 수 있도록 비봉산에 오동나무와 대숲을 조성하자.

진주인 에나로 하나 된다

고향이란 마음속 깊이 간직한 그립고 정든 곳이다. 같은 연출가에게 지도를 받고 무대에 오르는 연기자는 분위기에 공통점이 많다. 연습을 하면서 서로 익숙하게 되는 것이다. 사투리는 정든 곳을 생각나게 하며 결속시키는 힘이 있다. '에나'는 진주 사투리이다. 진짜 또는 참말의 뜻으로 알려지고 있다. 타향에서 그 말만 들어도 반가운 사람이 된다.

오래 전부터 봉산사 능선-비봉산 정상아래 길을 연결하여 '에나 진주길'로 명명하였다. 이 길을 따라 걸으면 자연의 향기를 느낄 수 있는 진짜 진주길이다. 에나는 어떻게 우리 앞에 나타난 것일까!

일본서기 웅략천황 5년조(462), 6월 1일자에 섬에서 아이를 낳았다. 이로 인하여 아이의 이름을 島君(도군)이라 하였다. 곤지는 곧 배 한척을 준비하여 도군을 그 어머니와 같이 백제에 보냈으니, 이 사람이 바로 무령대왕이 된 것이다. 그러므로 백제 사람들은 이 섬을 主島(주도)라 부르고 있는 것이다.

위 기록에 근거하여 작가 최인호는 무령왕이 태어난 섬을 탐사하는 글에서 '에나'라는 말을 알려주고 있다. 작가는 당진(일본 큐슈 사가현 북서부에 위치)과 대마도를 잇는 직선거리의 한가운데 있는 가당도를 찾아 섬 노인의 안내를 받는다. 노인은 가당도의 코에 해당하는 바위를 '에누오의 코'라고 부른다고 한다. 에누오란 경어로서 지금은 사용되지 않지만 '에나(えな)'라는 말로 대치되었다고 한다.

에나란 포의를 가리키는 말로 태아를 감싸고 있는 태반을 의미한다. 이름은 부모가 지어준 것으로 함부로 부를 수 없어 자나 호로 대신하듯 '에노우'는 높임말이라 에나로 쓰임이 전환된 것으로 볼 수 있다. 태아와 태반의 관계를 에나로 표현 하였다.

고대 일본어의 대부분은 한반도에서 전해진 것으로 조사되고 있다. 진주 사투리는 가야 및 신라어, 백제어의 일부가 녹아 있다. 진주 사람을 결속하고 정감이 실린 에나의 유래에 대한 연구 결과는 진주인에게 감동을 줄 것이다. 체계적인 조사가 있기를 기대해 본다.

망진산

산은 그대로이며 말이 없건만 사람들은 특징 또는 기원을 담아 이름을 지었다. 진주 인근에 비봉산, 집현산, 월아산, 망진산 등이 있다. 어떻게 망진산으로 되었을까. 망진산은 望晉山(망진산), 望晋山(망진산), 網鎭山(망진산) 등으로 표기되고 있다. 望晉山 및 望晋山은 진주를 바라보는 형상의 산으로 해석할 수 있을 것인가.

진주는 오래 전 지명이라 晉州(진주) 또는 晋州(진주)로 기록되고 있다. 음은 같아도 모양이 달라 다른 진주로 볼 수 있겠다. 시대에 따라 진을 다르게 사용하기도 하였다. 중국 역사에 둘 이상의 진나라가 존재하여 晉, 晋으로 분류하고 있다. 이는 엄연히 나라가 달라 구분하기 위하여 약속에 의하여 사용하였던 것이다. 진주의 '진'은 어떤 글자가 원래 사용되었던 것인가.

진주 지형에 관해 설명하기를,

망진산 봉수대는 남해 금산 - 사천 안점의 봉수를 받아 광제산 봉수대로 이어주는 역할을 하였다. 1996년 복원하였는데 백두산, 한라산, 지리산, 독도, 진주 월아산 돌을 기단에 심었고, 금강산 돌은 통일되면 가져다 심기로 했다.

시내와 산의 경치가 영남 제일이요, 큰 산과 큰 강이 있어 인물이 많고 물산이 영남 여러 주의 절반이며 비봉산은 북쪽에서 멈춰 있고 망진산은 남쪽에서 공손히 절한다. 이 두 산 사이에 남강이 흐르는데 동서의 여러 산이 구불구불 사방을 둘러섰다고 하였다.

진주 진산은 북쪽에서 시내를 에워싸고 동서로 크게 날개를 펼쳐 봉 또는 황이 날아오르는 형상의 비봉산이다. 지혜로운 이 지역 사람들은 이름으로써 봉황을 머물게 하려 하였다. 대롱·소롱사라는 절은 봉황을 크고 작은 새 장(籠)에 가두어 머물게 하고자 하였고, 까지를 보면 날지 못하기에 들판을 작평(鵲坪)으로 시원하게 물놀이 하며 쉴

남강은 서장대를 넘지 못하여 감아 돌고 비봉산에 노닐 던 봉황은 그물을 보고 멀리 가지 못하네

수 있게 봉지(鳳池)를 만들었다. 봉명루(鳳鳴樓)를 세웠고 마을 이름을 죽동(竹洞)으로 하였으며 남강 변에 대숲을 조성하였다. 봉황은 대나무의 열매를 먹고 오동나무에 깃을 틀어 상봉촌에 오동나무와 대나무를 심었고 오죽광장으로 이어 오고 있다.

망진산은 비봉산을 향하는 형상이라 그물을 보면 봉황이 머물 것으로 예견하여 '그물 친다'는 網鎭(망진)에 산을 합하여 망진산이 되었다고 한다.

진주는 인재를 아끼고 키우는 마음이 충만한 도시이다. 과거는 현재의 거울이라 망진산의 의미를 널리 알리고 애용하여야겠다.

진주성 명문 벽돌

문경새재 제1관문 조흘관 좌우로 계곡을 가로 지르는 성을 볼 수 있다. 성벽 위에 가지각색으로 치장된 깃대가 마치 물고기 등지느러미처럼 나열되어 깊은 산속 골바람에 펄렁거려 신비로움을 더해 준다.

조흘관 성문 좌측 눈높이의 돌 벽돌에 康熙(강희) 辛丑(신축) 改築(개축), 옆에 別將(별장) 李寅成(이인성), 이어 都石手(도석수), 宋成无(도성무), 李永右(이영우), 姜斗丁(강두정)라고 새겼는데, 공사시기, 감독자, 제작자 이름이 눈길을 고정시킨다. 새겨진 이름들은 밤낮으로 성벽을 지켜 왔다.

청와대 뒤 백악산 능선을 따라 돌을 다듬어 쌓은 성이 있다. 청운중학교에서 출발하여 나무 계단을 땀나게 오르면 정상이다. 조금 지나 소나무에 흰색 테두리 속 빨간 원형 무늬가 선명하게 눈에 들어온다. 시멘트로 메우고 그 위에 페인트로 그린 동심원 표적지이다. 이는 1968년 1월 21일 북한 124부대 김신조 등이 북악산 및 인왕산 지

진주성 공북문 서편 성곽에 진주성 축성과 관련된 명문이 새겨진 벽돌이 있다.

역으로 도주하다 군경과 교전 중 생긴 총탄의 흔적이란다.

계속 성벽을 따라 가다보니 글씨가 새겨진 돌 벽돌이 눈에 들어온다. 嘉慶九年(가경구년)(1804) 甲子 十月 日 牌將 吳再敏 監官 李東翰 邊首 龍聖輝(갑자 시월 일 패장 오재민 감관 이동한 변수 용성휘)라고 새겼다. 공사 일자와 책임자의 직명, 석수의 이름을 새겼는데 실명제의 전형을 보는 듯하다.

남강을 따라 진주성이 있다. 고려 말 우왕 5년(1379)에 진주목사 김중광이 잦은 왜구의 침범에 대비하여 석성으로 고쳐 쌓았고, 2002년 공북문 복원 공사로 현재의 모습을 갖추게 되었다.

진주성 공북문 매표소 오른쪽에 진주성 수축관련 명문을 소개한 안내판이 있다. 1680년 진주성을 개축할 때 축성 작업 담당을 표기한 것으로 康熙十九年(庚申年) 山陰馬兵中哨 泗川 昆陽 河東 丹城 咸陽 六官 一哨(강희 19년 산음 마병의 중초인 사천 곤양 하동 단성 함양 등 여섯 개 관할 구역이 한 개의 초를 이루었다)로 설명하고 있다.

진주성을 구성하는 벽돌은 셀 수 없을 정도로 많다. 그 중에 글을 새긴 벽돌은 2개이며 소중한 역사 자료이다. 한 구역을 여섯 고을 출신이 부대를 이룬 마군 중초가 담당하여 보수했다는 구절은 성의 개축 구간별 지역 할당, 조선 후기 지방 군대의 마병과 보병의 조직 등을 알 수 있게 한다. 여러 사람이 쉽게 볼 수 있으면 좋겠다.

진주성임진대첩계사순의단

남강물이 암석층을 깎아 벼랑을 이루고 그 위에 누각이 있으니 촉석루이다. 기둥에 기대어 천수교 아래로 흘러내리는 누런 강줄기를 보니 예사롭지 않다.

시선을 뒤로 돌리자 대리석을 포개 쌓은 높은 단이 있다. 촉석루 정문에서 왼쪽으로 조금 이동하여 층층대를 오르자 3단 제단이다. 2단 전·후 벽면에 진주성전투를 기록하고 남북면에 돋을새김으로 전투 장면, 꼭대기에 석벽을 세워 晉州城壬辰大捷癸巳殉義壇(진주성임진대첩계사순의단)으로 새겼다. 2단 전면 오른쪽, 숙종12년(1686)에 건립된 晉州矗石旌忠壇碑銘(진주촉석정충단비명)을 옮겨 적고, 좌측에 故牧使金候時敏全城郤敵碑銘(고목사금후시민전성극적비명)인데 마무리 부분에 銘(명)은 다음과 같다.

晉州(진주)의 산은 높디높고 晉州(진주)의 물은 길고 길어라. 한 빗물

진주성에서 임진년에는 왜적을 크게 이겼고,
계사년에는 민관군 · 의병 · 승병이 의를 위하여 죽었다. 이를 기리는 제단이다.

세워 천추에 전하니 공의 공덕 산처럼 높고 물처럼 길어라.

– (皇明萬曆四十七年乙未光海君 十一年 · 一六一九 七月 日(황명만력사십칠년을미광해군 칠월 일)에 세우다.)

2단 후면 전반부는 晉州城壬辰大捷(진주성임진대첩)이다.

慶尙右道觀察使(경상우도관찰사) 金誠一(김성일)이 급히 狀啓(장계)를 올려 아뢰었다. 적들은 개미떼처럼 성에 붙어서 기어 올라왔습니다. 이에 성 위에서 그들에게 불을 지르기도 하고 물을 끓여 붓기도 하고 혹은 震天雷(진천뇌)를 던지기도 하니. 이때 비단 옷 입은 적장 한 명이 말 두필이 끄는 수레를 타고 졸병을 거느려 돌진해 오는 것을 李光岳(이광악)이 화살

한 발로 쏘아 죽이니 적이 모두 통곡하면서 시체를 메고 가버렸습니다.

– (宣宗大王實錄(선종대왕실록) 제三十三권 임진十二월 신묘(5일))

2단 후면 뒷부분은 晉州城癸巳殉義(진주성계사순의)으로,

처음에 적의 추장 加藤淸正(가등청정)이 여러 추장의 군사와 연합하여 晉州城(진주성)을 침공하려 하였다. 十五일에는 적이 동문 밖에 흙을 메워서 언덕을 쌓고 그 위에 흙집을 만들어 성안을 내려다보고 총을 비 오듯 쏘아 댔다. 沙斥察訪(사척찰방) 李瀞(이정)을 시켜 조사해보았더니 성안에 쌓인 시체가 천여 軀(구)이고 촉석루에서 남강 북쪽 언덕에 이르기 까지 쌓인 시체가 서로 베개를 베고 잇달았으며 菁川江(청천강)에서 玉峯(옥봉)에 이르기까지 五리에 걸쳐 죽은 자가 강을 메우고 떠내려갔다 한다.

– (宣宗大王實錄(선종대왕실록) 제四十권 계사 七월 무진(十六 일))

비문에는 진주를 晉州(진주)로 표기하며 청천강은 어디로 흐르는 강인가. 가등청정을 미개 부족의 우두머리라고 하며 선조를 선종이라 하였다.

임진왜란을 치른 임금 이균을 宣祖(선조)로 알았는데 비문에는 宣宗大王(선조대왕)으로 표기되어 이상하다. 광해군이 왕이던 기간에 선종 그리고 권좌에서 끌려 내려진 이후는 선조로 불리는가? 실록으로 찾아보기로 하였다.

조선왕조실록 선조 1권 총서에서,

宣宗昭敬正倫立極盛德洪烈至誠大義格天熙運顯文毅武聖睿達孝大王(선종소경정

륜입극성덕홍렬지성대의격천희운현문의무성예달효대왕)의 휘는 연(昖)이다.

중종 공희 대왕의 손자이며, 덕흥 대원군 이초의 셋째 아드님이다. 모친은 하동 부부인 정씨로 증 영의정 정세호의 따님이다.

상이 홍서한 지 9년째 되는 병진년에 지금의 상께서, 종계(宗系)를 올바르게 밝히고, 왕업을 중흥한 공로를 들어 '계통광헌응도융조(啓統光憲凝道隆祚)'라는 존호를 추가해 올렸다. 묘호(廟號)를 '선조(宣祖)'라 하였다.

선종대왕은 30자에 이르는 시호의 약칭이며 묘호는 선조이고 이름은 균에서 연으로 개명하였다는 것인데 묘호를 외우는 역사공부를 하였으니 '선조'라고 해야 이해 할 수 있지 않을까.

논개는 손가락 마다 가락지를 끼어 적장을 끌어안고 남강에 뛰어들었고, 세계 최초 비행기인 飛車(비차)가 사용되었다고 한다. 진주교 다리발에 가락지를 채워 진주시의 상징물이 되고 있지 않는가. 비차의 등장은 세계문명사에 획기적 사건이다. 돋을새김에 가락지 낀 손이 보이게 하고 비차를 삽입하면 스토리텔링으로 의미 있는 소재가 될 것이다.

비문은 국·한문으로 촘촘하게 기록되어 읽어 해석하며 메모하자면 한나절 이상 분량이다. 학생이 찾아 쉽게 읽을 수 있고, 흥미로워야 살아 있는 역사 자료가 될 것이다. 읽을 수 없는 비석은 장식품이다.

해석을 곁들인 전문을 관련기관 홈페이지에 탑재하고 안내판에 QR코드를 부착하여 실시간에 이해되는 안내체제가 구축되기를 기대해 본다.

퇴계선생원운비

진주 금산교를 지나 금산면사무소에서 직진하면 삼거리가 나오는데 공적비와 마을이정표, 아름드리 고목 아래 측백나무를 울타리로 한 공터를 볼 수 있다. 좌측으로 둑길을 조금 오르니 향나무 그늘 속에 비석이 있다. 차량 통행이 빈번해 접근이 어렵고 뒷면은 벽에 밀착되어 사진 촬영을 허락하지 않는다. 비석의 머리는 둥글고 쑥색 바탕에 退溪先生遺蹟碑(퇴계선생유적비)로 새겼는데 근래에 세운 비석이다. 퇴계 선생의 남겨진 자취는 무엇일까.

보물을 찾는 마음으로 국사봉 주차장을 지나 대나무가 숲을 이뤄 저수지를 가린 한적한 길을 걷는다. 물이 깊숙이 들어와 건너편 둑길이 몇 미터 앞이건만 한참을 돌아 나오자 서편 둑길에 가장 접근되고 수면보다 조금 높은 위치에 비석이 있다.

앞면은 退溪先生原韻(퇴계선생원운)으로 새기고 뒷면은 비바람에 획이

수위가 조금만 높아져도 잠길까 우려되는 금산지 안에 있는 퇴계 선생 원운비

마모되고 조악한 표면이라 글자의 윤곽이 흐릿하며 한자로 되어 판독이 어렵다. 한문선생의 도움으로 내력을 알 수 있었다. 原韻(원운)은 뒷면의 '청곡사를 지나며'라는 시를 지칭하며 丁未四月(정미사월) 後學李禧榮謹書(후학이희영근서)로 마무리 되었다.

琴山道上晚逢雨 青谷寺前寒瀉泉
謂是雪泥鴻爪處 存亡離合一潛然

저물녘, 금산 가는 길에서 비를 만났는데
청곡사 앞 샘에서는 차가운 물 솟네,
아! 이게 바로 눈밭의 기러기 발자국 자리이러니
존망과 이합이 하나 되어 흐르는구나!

퇴계 선생은 32세가 되어 곤양군수 관포 어득강의 초청을 받아 남행을 시작하여 浣沙溪(완사계, 지금의 완사 금성)에서 마무리하며 109수의 기행시를 남긴다.

퇴계 선생의 휘는 滉(황)이다. 안동시 도산면 온혜에서 1501년 11월 25일 진보이씨 가문의 아버지 이식과 어머니 춘천박씨 사이에서 태어났다. 6남 1녀 중 막내이며 위로 두형과 누나는 전모 의성김씨 소생이다.

26년 전 셋째 형 漪(의)와 넷째 형 瀣(해)는 숙부 송재공이 진주목사로 나가면서 데려가 청곡사에서 공부를 하면서 머물렀다. 퇴계가 청곡사에 들렀을 당시 넷째 형은 관직에 있어 가끔 만날 수 있었다. 셋째 형은 1년 전에 세상을 떠나고 말았다.

퇴계 선생은 샘 원에서 솟는 물의 파문을 내려다본다. 간격을 두고 발생하여 벽에 반사되어 다양한 파형이 생긴다. 이날따라 빗방울도 파문을 만드니 어지럽기까지 하다. 솟아오르는 물은 뒷물에 밀려 샘을 빠져 나간다. 샘 원에서 점점 멀어지고 다시 그 샘으로 되돌아오겠다는 기약은 물거품과 같다. 한 몸에서 태어나 형제가 되었건만 저세상으로 간 형은 옛 집에서 만날 수 없다는 메시지이련가.

솟는 물의 파형을 기러기 발자국에 비유하여 인생은 눈밭에 남겨진 기러기 발자국이라 한다. 기러기 눈 쌓인 진흙 밭을 걸어가고 있다. 먹이를 찾아 이리저리 헤매다 날아간다. 남긴 발자국은 직선인가하면 곡선이며 한 곳에서 맴돌기를 하였다. 인생은 모였다 흩어지고 살고 죽는 것, 인생을 알고자 하면 기러기 발자국을 따라가야 할까. 날아간 기러기를 찾아야 할까.

퇴계 선생은 청곡사를 지나 금호지 둑에 멈춰 돌을 던져 '퐁당!'하며 퍼져나가는 파문을 보면서 무슨 생각에 잠겼을까.

망미루 그리고 서희집터

진주성 공북문으로 입장하여 충무공김시민장군 동상을 지나 언덕으로 한발 한발 오르면 벽이 트이어 사방을 바라 볼 수 있게 높이 지은 樓(루)의 지붕이 치솟고 처마 아래 현판은 성큼 성큼 다가오며 마루는 높아져 고개 들고 지나가겠다.

조선말 지방 행정관청인 경상남도관찰사의 선화당 관문으로 지었다니 門자로 마무리되는 嶺南布政司門(영남포정사문)이 제대로 된 이름이다. 마루 밑을 지나 아쉬워 돌아보다 안쪽 깊숙한 지점에 望美樓(망미루)라 현판이 보인다. 아름답다는 美자에 시선이 꽂히는데 백성을 사랑하고 공정하게 처리하겠다는 따뜻함을 느끼게 한다. 애민하겠다는 좋은 이름의 현판을 왜 어둠 속에 두었을까. 성안에서 가장 높아 사방을 두루 볼 수 있고 동향이라 해 뜨는 광경을 볼 수 있어 루에 오르면 경치가 좋고 먼저 해를 볼 수 있어 저절로 마음이 밝아지겠다.

통제사의 집무실 자리로 운주헌터가 안쪽에 있어 영남포정사를 뒤쪽 처마 밑에 걸면 경계가 확실해지는 효과가 있다. 망미루를 앞쪽으로 내 걸면 한결 운치가 있겠다.

소설 《토지》에서 서희는 만주에서 진주로 옮겨와 남편과 姓(성)을 바꾸고 터를 잡는다. 작가는 서희 진주집에 대하여 여러 차례 설명하였다.

> 조준구는 점심 대신 술을 마셨다. 좀 많이 마셨다. 그리고 본성동에 있는 서희 집으로 향했다. 가는 도중에 두 사람에게 길을 물었다. 촉석루 근처에는 뱃놀이 가는 한량과 기생들이 눈에 띄었다. 하얀 손으로 입을 막으며 웃는 모습이 아름다웠다. 논개 바위에서는 교모를 쓴 학생들이 기념사진을 찍고 있었다. 서희의 솟을대문 앞에서 조준구는 걸음을 멈추었다.
>
> 평사리의 집보다는 규모가 작은 듯 했으나 짜임새는 월등하다. 엄하고 풍요한 최참판댁 여인들의 입김이 이곳에 서려 있다. 남강 언덕의 대숲이 연둣빛 안개같이 뿌연 하늘에 번져나고 있다.
>
> – (제3부 1권 제1편「장엄하고 처절한 계절」, 9장「악마와의 홍정」)

> 영학은 초조한 마음을 털끝만큼도 내보이지 않고 나형사를 따라 어슬렁거리듯 서장대로 올라간다. 바람 쐬러 나온 사람들이 없지 않았으나 그런대로 서장대는 한적했다.
>
> – (제3부 3권 제3편 붉은 구름바다 18장 푸른 은빛 밤하늘의 붉은 구름바다)

진주 지역 말을 소개하면,

뒤비시(뒤집어), 훗차가더마(좇아가다), 찌무리기(칭얼거림), 찍짜(시비), 물미가 나믄(이치를 깨닫다), 부석(아궁이), 주개(주걱), 종구다가(살피며 뒤따르다), 돔바(훔쳐), 통시(뒷간), 사우(사위), 시장스러바서(서글퍼서), 젓꾼(어부), 어멍(음흉), 욜랑거리쌌지만(촐랑대지만), 새양내(향내), 외고패고(떳떳하게), 옥지질(구역질), 짜무리기(칭얼거림), 제우(겨우), 감풀게(거칠게), 가이방(비슷)….

서희 진주 집의 유력한 터는 영남포정사 남쪽 河崙先生胎地(하륜선생태지)라는 표석 아래, 건너편 대숲이 잘 보이고, 촉석루가 지척이며, 서장대 올라가는 길목에 두 아름 넘는 정자나무가 세월을 품고 있는 햇살 바른 언덕이다.

《토지》를 아끼는 마음을 모아 서희 진주집터에 돌을 하나 세우는 것도 진주를 예스럽게 하고 서희 삶을 확산시키는 계기가 될 것이다.

5부

바다 건너

의령고 교가, 태산에서 울리다

의령고 중국문화체험단은 3박 4일(09년 1월 6일~9일) 일정으로 산동성의 대명호-요성대학-태산-맹부-공부를 탐방하였다. 산동성은 약칭하여 魯라고 하며 성도는 濟南(제남)이며 황하의 하류, 태항산의 동쪽 황해와 발해 연안에 위치한다. 역사적 인물로 공자, 맹모삼천으로 훈육의 표상이 된 맹자, 세월을 낚시질 했다는 강태공, 관포지교의 관중, 묵자, 손자, 왕희지, 안진경, 제갈량 등이 있고. 한족·회족·만주족 등 54개 민족으로 구성 되어 있다. 濟水(제수)의 남쪽에 있다하여 제남이라고 하였으며 춘추전국시대 노나라의 수도였다.

제남시 중심에서 동북쪽에는 면적 80평방미터의 대명호가 있다. 주위 약 5km의 호수에서는 뱃놀이도 가능하고 호반에는 이백이나 두보같은 시인이 술을 나누며 시를 읊었다고 하는 歷下亭(역하정)과 北扱閣(북급각)이 있다. 청나라의 한 시인이 "사면의 연꽃에 삼면의 버들이요,

자굴산 맑은 기운 하늘에 솟아…슬기에 빛나는 우리 의령고

한성의 산색에 반성의 호수로다."

마르코 폴로는 "원림 아름다움에 마음 즐겁고 산과 호수의 경치에 눈 쉴 여유 없다."고 극찬하였다. 송설체로 유명한 조맹부가 친구였던 남송의 시인이자 소장가인 周密(주밀)의 부탁으로 자신의 고향이었던 제남의 풍토와 인정, 그리고 산천의 모습을 한 폭 그렸는데 '작화추색도'이다. 600년 동안 이 한 폭의 명화는 여러 소장가의 손을 거쳤고, 많은 문인들이 이 그림에 題辭(제사)를 붙였다.

청대에 이르러 궁궐로 들어가게 되었다. 1748년 건륭제가 남순을 하다가 제남에 와서 이 그림을 가져오게 하고, 실제 풍경과 대조를 했다고 한다. 건륭제는 친히 鵲華橋(작화교)에 올라가 구경을 한 후에 다음과 같은 시를 남겼다.

대명호가 어찌 은하수 가에 있는 가 했더니
작화교에 올라가 보니 그 이유를 알겠네

대명호 공원에는 3개의 문이 있다. 그 가운데 남문이 정문으로 중국민족의 풍격을 그대로 나타낸 牌坊(패방)이 있다. 패방에는 청대 서예가 書佃(서전)의 '大明湖(대명호)'라는 편액이 높이 걸렸다.

요성시는 의령군과 자매결연 도시로 로아진 외사판공실 부주임이 멀리 고속도로 휴게소까지 나중 나와 일행을 반갑게 맞아 주었다. 요성대학은 1974년에 창설, 원래는 산동사범대학의 요성지부였으며 요성대학으로 2002년 개명하였다고 한다. 교직원은 5만 여명으로 한국 유학생은 100여 명 정도이며 생물공정학과가 유명하다며 학생들에게 유학을 권유하기도 한다. 그리고 의령군과 농업기술 및 교육문화교류가 활발하며 특히 탁구코치가 의령군에 파견되어 초등학생을 3개월 동안 지도하여 전국대회에 우승한 것을 자랑스럽게 소개하였다. 이역만리 중국에서 '의령'이라는 말을 들으니 너무 반갑고 앞서가는 의령임을 실감할 수 있었다.

태산은 산동성 태안시 경내에 자리 잡고 있다. 주봉은 해발 1,545미터에 달하고 평지에서 우뚝 솟아 있어 그 기세가 드높아 보인다. 공자는 태산에 올라

"동산에 올라서니 노나라가 작아 보이고 태산에 올라서니 천하가 작아 보인다."고 하였다.

태산이 있기에 중국의 제왕들이 그 산에 올라 하늘에 제를 올려 치

국평안을 비는 封山祭天(봉산제천) 문화가 생겼을 것이리라. 실제 先秦(선진) 시기에는 72대의 군왕이, 秦代(진대) 이후에는 진시황, 한무제, 당현종, 송진종, 그리고 청대의 강희, 건륭황제 등 모두 12명의 제왕들이 이곳에 들러 하늘에 제를 올렸다. 그런가 하면 숱한 시인, 묵객들이 태산을 찾아들어 웅장한 산세와 기개를 읊조림으로써 山頂文化(산정문화)의 한 가닥을 이루었다.

우리 일행은 태산 정상에서 의령고 교가를 힘차게 불렀다. 멀리 멀리 퍼져가게.

> 자굴산 맑은 기운 하늘에 솟아 /억세고 강한 기상 떨치는 고장 / 이상을 높이 걸고 이룩된 학원 / 푸른 꿈 영원한 우리 의령고 // 남강을 구비치는 유유 칠백리 / 힘차고 가식 없는 끈기 찬 고장 / 진리를 갈고 닦는 배움의 전당 / 슬기에 빛나는 우리 의령고

맹부의 정문은 櫺聖門(영성문)이란 현판을 달고, 붉은 칠에 기와를 얹은 담을 거느리고 솟을지붕으로 서 있다. 문 앞은 대리석을 다듬어 깐 보도블록이 있고 양쪽은 잔디와 관상수를 심었다. 문을 들어서자 측백나무가 묘당을 메운다. 적어도 수 백 년 넘어 보였다. 팔각 대리석주로 세운 亞聖廟坊(아성묘방)을 들어섰다. 경내에는 고사목이 많아 세월의 무상함을 느끼게 충분하였으며 중앙로 오른쪽에 康熙碑亭(강희비정)이 있다. 오른쪽 담 밑에 '孟(맹)'자로 시작되는 석비를 발견할 수 있었다. 장식 없는 장방형의 사각 비는 孟母三遷祠(맹모삼천사)이며 또

비두를 둥글게 만들었는데 孟母斷機處(맹모단기처)이다. 맹자의 어머니가 아들의 교육을 위해 3번 이사를 했다는 맹모삼천지교는 많은 사람들이 알고 있지만 맹자가 성인에 이룰 수 있었던 결정적 계기가 된 것은 맹모단기지교로 설명된다. 맹자가 큰 뜻을 품고 공부를 하기 위해 멀리 떠나 있었는데, 몇 년이 안 되어 집도 그립고 공부에도 지쳐 집으로 돌아오자, 어머니가 베를 짜고 있다가 돌아온 아들을 보고

"그래 벌써 학문을 다 이루었느냐."

"그냥 쓸 만큼 배웠습니다."

베틀 위에서 내려와 짜고 있던 칼로 베를 확 자르자 맹자가 아연실색한 표정이 되자 어머니는 단호한 목소리로 "네가 학문을 다 이루지 못한 것은 이렇게 찢어진 베와 같으니 무슨 소용이 있느냐!"하며 대성통곡을 하니 맹자가 크게 뉘우치고 다시 돌아가 성인의 학문을 이루었다한다. 한석봉과 그의 어머니가 불을 끄고 글쓰기와 떡가래 썰기를 하는 일화를 연상케 한다.

孔阜(공부)는 송나라 인종 1년(1038)부터 공자의 자손들이 대대로 살아온 장원으로 공묘의 동쪽에 있다. 면적은 16만 제곱미터, 463개의 방이 있는 광대하고 화려하다. 석사자상이 지키는 공부의 대문을 들어서면 中庭(중정)이다. 그 뒤에 聖人之門(성인지문)이라는 현판이 걸린 문이 있다. 곧바로 난 길이 中路(중로)이다. 중로의 전반부는 공부의 관공서, 후반부는 주택이 자리 잡고 있는데 외부인과 단절된 지역으로 남녀칠세부동석이 엄격하게 적용되는 곳이다.

풍수지리설에 의하여 주택지내에 우물이 없어 외부에서 남자들이

물을 운반하여 담장 속의 돌 수로에 물을 흘려 안에서 아낙들이 받아 사용하였다 한다. 수로 입구 목은 반질반질 한 것은 수없는 물통의 마찰의 흔적이리라, 내당 처마 밑에는 직사각형의 빨래판 모양의 반석이 있는데 잘못을 저지른 자녀를 꿇어앉혀 반성케 하는 곳이란다. 그리고 42대까지의 공씨 가계도가 새겨진 家譜碑(가보비)는 매우 인상 깊었다.

공묘는 공자 사후 노나라의 애공이 공자의 고택을 사당으로 개조해 공자의 의관과 예기를 보관하고 세시를 올리는 성현의 사당을 말한다. 웅장한 규모의 건축물과 조화를 갖춘 뜰, 그리고 구조물 등은 중국 제일의 사당으로 손색이 없어 보였고 단일 사당 건물로서는 세계 최대의 것으로 전해진다.

공림은 공자와 그의 아들, 손자 그리고 2500년간 그 후대의 자손들이 묻힌 묘소다. 묘가 약 10만 여개, 담장 둘레만 7.25km로 세계 최대의 씨족묘지이라 할 수 있다. 석사자 지키고 있는 팔작지붕의 至聖林門(지성림문)을 들어서면 二林門(이림문)까지 보도블록이 깔려있고 양쪽으로 늙은 측백나무가 줄지어 서 있다. 석수상이 참배객을 지켜보고 있었다. 자세히 보니 석수상의 목뒤 부분이 손때가 묻어 반질반질하다. 안내자에 물었더니 석수상을 가리키며 "朝天吼(조천후)라는 짐승은 천하에 가장 겁 없고 용감하며 성질이 불같은 동물인데 자기 신체 부위 중에서 가장 좋아지고 싶은 부위를 손바닥으로 쓸어주면 틀림없이 효험이 있다."하여 여행객들이 만진 자국이라고 한다. 죽음의 동산을 보러 와서 자신은 아프지도 말아야 한다는 것은 뭔가 이상하지 않는가.

공자의 묘비명은 문성지성문선왕묘로 되어야 하는데 王은 상석으로 일부 가려 一이 빠진 干이고 글자 묘는 없다 다가가자 완성된 '王'과 '墓'자를 볼 수 있다.
누가 공자를 문선왕이 아니라 하겠는가. 낮추어 오래 사는 지혜를 알게 한다.

공자의 수제자 자사의 묘역을 둘러보고 단을 내려와 조금 가니 공자 아들 리(鯉)의 무덤이 있는데 자사의 묘와 비슷하다. 그 왼쪽에 공자의 묘가 있다.

공자묘는 측백나무와 떡갈나무가 묘역을 둘러싼 가운데 벽돌로 1미터쯤 단을 쌓고 조성되었는데 봉분에는 마른 잡초가 삭풍에 어지러웠다. 봉분크기는 우리의 임금 능침보다 작아 보인다. 묘 앞에는 2개의 비석이 있는 데 뒤의 것은 원나라 때, 앞의 것은 명나라 시대 세운 것이다. 보이는 문장은 文成至聖文宣干(문성지성문선간)인데 다가가서 살펴보니 '王'자가 床石(상석)에 가려 干자로 보이고 아래에 墓(묘)자가 있다. '위대한 지덕을 갖추어 더 없이 뛰어난 지성, 문선왕의 무덤'의 완전한 비명은 文成至聖文宣王墓(문성지성문선왕묘)이다.

공자는 文宣王(문선왕)으로서 모자람이 없는데 왜 제자들은 '王'자를 제단으로 가렸을까. 왕이란 지상에서의 왕국을 지배하는 권력자, 즉 임금을 가리키는 용어이므로 군주만의 대명사이다. 공자가 지성이었지만 포의에 불과한 신분이었는데 묘비명의 王자를 보이게 하였다면, 공자묘를 찾는 황제 눈에 王자는 어떻게 보일까, 당대의 황제는 지극한 권력을 쥐고 있는 자가 아닌가.

王(왕)자의 일부를 가린 것은 공자의 존재를 저항 없이 유지하기 위한 지혜가 아닐까. 王자를 가린다고 하여 공자가 이 지상의 왕국, 권세의 왕이 아니라 진리의 왕 중의 왕임을 가릴 수는 없다.

중국 산동성의 거리에는 자전거 및 전기모터와 페달 겸용 자전거, 오토바이, 삼륜차가 많이 다니고, 황하의 강상이 높아져 범람의 우려가 항상 내재하며, 고속도로 폭을 50미터로 계획되어 여유 공간에 미류나루를 심어 방풍 효과와 목재로서 소득도 올리고자 하였다. 고속도로 곳곳에 精神集中保持安全(정신집중보지안전)하는 안내판이 설치되어 있고, 화장실을 洗手間(세수간)으로 지침을 指南(지남), 자동차를 기차, 통행금지를 禁止通行(금지통행), 컴퓨터를 전뇌라 하며, 휴대폰 보급률이 60%를 넘고, 객실마다 체중계가 비치되었다.

부자는 음란하지 마라, 빈궁한자는 의지를 옮기지 마라, 약한 자는 위축되지 말고 위세당당 하라는 삼불주의를 중시하고, 잘 차린 제사상보다는 생전에 잘 모시는 것으로 무게 중심이 이동하고 있는 효행,

스승의 날이 있고, 맹모의 훈육이 숨쉬고, 제갈량의 출사표에 감격해 하며, 관운장의 의리를 상업의 기본으로 하여 그를 재물 신으로 추앙 등, 이는 그들의 생활 속에 자리 잡은 문화의 양상이다.

우리는 산동성과 시점이 달라 1시간 먼저 아침을 맞는다. 나라마다 지역마다 고유한 시점이 있듯이 문화 역시 특성이 있는 것이다. 듣는 것으로 문화를 안다고 할 수 없으며 보고 듣고 그 나라의 역사를 통하여 생각하고 느껴야 제대로 안다고 할 수 있을 것이다.

본 행사는 외국에서 애교심 및 향토애를 확인하고 문화를 폭 넓게 이해하며 문화재를 아끼는 계기가 될 것인바 지속되었으면 한다.

안만려, 그는 누구인가

조선일보사 주최, 조선통신사 길을 따라가는 '2012년 가을. 일본속의 한민족사 탐방'에 머뭇거림 없이 신청했다. 최인호의 역사소설《잃어버린 왕국》을 읽으면서 유독 다가오는 인물이 있었기 때문이다. 그는 안만려이다. 어머니는 온사녀, 아버지는 다신부이고 일본 역사의 아버지로 불리는 인물이다.

26,000톤 떠다니는 호텔 하모니호이지만 대한해협을 건너면서 좌우로 요동치고 앞뒤로 흔들림이 심하다. 마치 검은 바다위에 떠있는 나뭇잎에 얹혀있는 한 마리 개미가 되어 두려움에 속이 울렁거린다. 1354년 전, 이 뱃길을 안만려 모자의 고단한 신세를 실감나게 한다.

다신부는 나라지방의 대화분지를 중심으로 막대한 세력을 형성하고 있던 오래 전에 백제에서 건너온 多(다)씨의 족장 고모시기 큰 아들, 다신부는 고향인 백제로 건너와 계백장군의 조카 온사녀와 결혼하고 아버지가 아파 임신 중인 부인을 두고 왜에 갔다가 다시 돌아와 계백 장군의 결사대원으로 황산벌에서 전사한다. 그 시점에 안만려는 태어나게 된다.

660년 7월 18일, 백제는 멸망하고 부흥군은 제명여제가 통치하는 왜에 구원을 요청한다. 그녀는 그대로 열셋의 나이로 왜로 건너가 천지천황 및 천무천황의 어머니가 된다. 제명여제는 백제로부터 구원 요청이 있은 지 두 달도 안 돼 전격 결정하고, 예순이 넘은 나이에 몸소 5만의 군병과 1천척이 넘는 병선을 이끌고 규슈까지 출정하지만 뜻을 이루지 못하고 같은 해 7월 현지에서 급사한다.

663년 9월 백강 전투에서 제왜 연합군이 패배하자 난선을 타고 백제 귀족과 유민들이 왜로 망명길에 오른다. 그 난민 속에 안만려와 온사녀, 일본 최고의 시성이 되는 산상억량과 그의 부모가 같은 배에 타게 된 것은 운명적이다.

산상억량은 먼 후일 다음과 같은 불멸의 시를 남기게 된다.

오이 먹으면 자식이 생각나네.
밤 먹으면 더더욱 자식이 생각나네.
대체 자식이란 어디서 왔단 말인고.
눈앞에 어른거려 편히 잠들 수 없네.
금도, 은도, 옥도 모두 무엇을 할 수 있을까보냐
훌륭한 보배라 할지라도 내 자식에 미칠 수 있을까보냐

안만려는 작은 아버지 多品治(다품치)의 양자로 들어간다. 다품치는 바로 백제 유민들이 애써 건설한 근강의 망명왕도를 초토화시켜 버린 면 훗날 일본의 역사상 형제간의 왕권다툼으로 유일무이한 壬申(임신)의 亂(난)에서 大海人(대해인) 왕자 편에 서서 뛰어난 무공을 세운 일등 공신 바로 그 사람이다.

1979년 1월 24일 수요일 마이니치신문의 1면 톱기사 '안만려의 무덤 발견!' 총 20페이지의 조간신문은 1면을 이 기사로만 메우고 그밖에도 3면과 19면에 상세한 해설과 보충기사를 게재하고 있다.

나라분지 대화고원 차밭을 일구던 다께니시란 농부에 의해서 화장한 골편 및 묘지가 발굴됨.

길이 29cm,폭 6cm,두께 1mm 동판에 左京四條四坊從四位下熏五等 太祖臣安萬侶以癸亥年七月六日卒之養老七年十二月十五日己巳.

좌경사조사방에 살고 있던 종사위하훈오등의 태조신안만려님께서 양로 7년(723년) 7월6일 사망하여 그해 12월 15일에 매장하다.

탐방 5일째, 비조사를 찾았다. 아담하고 주변이 논으로 둘러싸여 있다. 입구 좌측에 대리석을 깎아 비조대불로 새겨 절의 시작과 함께 한 탑석 위에 세웠다. 안내문에 숭준천황원년(588) 蘇我馬子(소아마자)가 창립한 일본 최초의 본격적 사원. 본존 비조대불은 추고천황 13년(605) 천황의 초청으로 안작조불사가 조성한 일본 최고의 불상이다. 라 한다.

경내는 좁지만 공간 배치가 인상적이다. 연못을 만들어 만엽지, 키 큰 돌에 만엽가비라고 새겼는데 비바람에 마모되고 돌이끼에 덮여 읽기 어렵다. 널찍한 돌을 향로 받침대로 하였는데 단풍잎 하나 '소르르' 그 위에 내려앉는다.

돌을 쌓아 단을 만들고 그 위에 종을 안치하였다. 여행 온 학생들이 가끔 종을 울린다. 종소리에 이끌려 돌담을 돌아보는데 족히 다섯 뼘 넘는 뱀의 허물이 돌 사이에 끼여 있다. 허물 벗은 뱀은 봄이 오면 다시 찾겠지만 고향을 그리워하던 안만려는 어떤 모습으로 돌아올까.

안만려는 망해버린 나라를 빠져나오는 배위에서 숨을 거둔 어머니를 평생토록 그리워하며 어머니를 생각할 때마다 푸른 파도와 바다, 눈부시게 파도의 포말 속에 부서지던 일광, 얼굴을 스치던 바람의 손길 같은 영상을 떠올리곤 하였다.

그는 마음속에 숨어있는 어머니의 고향을 역사 속에 함께 그려나갈 수 있을 것으로 생각하고 712년 1월 29일, 일본 최고의 역사서인《고사기》를 완성하였다.

서문의 말미에 '正五位上勳五等 太祖臣 安萬侶謹上(정오위상훈오등 태조신 안만려권상))'이라고 기록하였다.

안만려는 고향에 대한 그리움을《고사기》에서 한국으로 표기하였다. 한국은 아름답고 큰 나라를 말할 때 사용되는 낱말이다. 또 고향을 무시하거나 멸시하는 말을 사용하지 않았다고 한다.

기억에 남는 여정은 다자이후(大宰府)와 오사카 성 탐방이다. 백촌강 패전 이후 열도로 건너온 백제유민에 의하여 7세기 중엽에 건축되었다. 건물은 사라지고 주춧돌 위로 머리를 풀어헤친 진명여제의 영혼이 떠다니고 여기저기 바삐 움직이는 백제유민의 상이 보인다.

해자로 둘러싸인 난공불락의 오사카 성을 찾은 날은 흐리더니 비까지 내렸다. 아무리 공격을 해도 성을 함락시키는 불가능하였다고 한다. 그러나 내부의 적이 무서운 법이라 안에서부터 해자를 메움으로 함락되고 만다. 그뿐 아니다. 성주 토요토미 히데요리는 아버지 풍신수길의 업보인지 장인 도쿠가와 이에야스의 지시로 자살해야 했고 그 터에 서있는 비석에는 갑자기 소나기가 쏟아지고 있었다.

일본속의 한민족사 탐방을 통하여 일본에 남아 있는 선조들의 발자취를 둘러보며 한일 고대사에 얽힌 문화교류의 실체와 함께 한국인의 진취적이고 개척정신을 재발견하는 기회가 되었다.

일본과 한국은 거리상으로 가까운 두 나라로 감정에 치우쳐 애증이 교차되기 싶다. 이성적으로 대해야 이득이 있는 이웃이 되는 것이다. 먼저 두 나라 사이의 관계를 알아야 한다.

일본이란 국명은 고구려가 멸망하는 해에 선포되었다. 이전에는 왜로 불려 한반도와 밀접한 관계였다. 일본의 뿌리를 정리한 사람은 백제 유민 안만려이다. 일본 역사의 아버지로 추앙을 받고 일본 교과서에 소개되었는데 정작 그가 그토록 그리워하였던 고향 땅에서는 알려지지 못하고 있다. 일본을 바로 알기 위해서라도 안만려의 소개와 대화분지에 있는 무덤을 찾는 프로그램이 첨가되기를 기대해 본다.

프랑스 교육제도

따가운 햇살과 짙푸른 지중해 바다 위에 키 작은 소년이 뱃머리에서서 멀어지는 섬을 한없이 바라보고 있었다. 수평선에 가물가물 섬이 잠기고 있다. 시야에서 사라졌지만 입을 꾹 다물고 시선을 돌리지 않는다. 바로 나폴레옹 보나파르트이며 그 섬은 코르시카이다.

초등학교시절에 읽은 위인전 나폴레옹에서 프랑스로 유학을 떠나는 선상의 그를 묘사한 장면을 아직도 각인되어 있다. 언젠가 한번은 찾고 싶은 나라였는데 가슴이 설레 인다. 그 소년은 프랑스에 상륙하여 무엇을 남겼는가? 나는 이번에 무엇을 보고 생각하고 배워갈 것인가!

루브르 박물관에 들렀다. 떠밀려 나아간다. 밀로의 비너스 앞에서 물결이 정지한다. 비너스는 오른쪽 눈을 아래로 왼쪽 어깨가 들리고 시선은 좌측으로 향하고 있다. 왼팔은 어깨부위에서 떨어져 나갔고 오른쪽 팔은 몸에 부착하여 유방 아래에서 사라졌는데 보수를 위한 듯 두개의 작은 구멍이 유두와 나란하게 자리 잡고 있는데 흠집으로 보이지 않는다. 목욕탕에 들어갈 듯 하의가 허리께 걸렸는데 왼쪽에서 오른쪽으로 15° 아래로 걸쳐졌다.

비너스의 오른쪽 어깨 부위에 반원 모양의 살점이 떨어져 나간 상처가 있다.

왼 무릎을 살짝 들어 안으로 굽혔는데 오뚝한 콧날의 연장선과 평행을 이룬다. 완만한 S형으로 균형 잡힌 비너스의 없어진 양팔을 보면서 '어떤 팔을 만들어 주어야할까?'라는 화두를 갖게 한다. 어쩌면 팔이 없어 편안함을 주는 비너스가 된 것은 아닐까!

점점 멀어진다. 마지막이라는 절박함으로 다시 고개를 돌렸다, 오른쪽 어깨 부위에 반원모양의 살점이 떨어져 나간 흔적이 보인다. 가만히 시선을 내리니 꼬리뼈 부분에 천이 걸쳐져 있다. 허리띠를 엉덩이 중간쯤에 걸쳐져 어색하게 보이는 현대의 패션은 밀로의 비너스에서 아이디어를 얻었단 말인가.

해설자를 놓치지 않으려 발걸음을 재촉하자 자크루이 다비드의 '나폴레옹 1세 황제의 대관식' 그림이다. 외로움을 독서로 달래며 젊은 베르테르의 슬픔을 수없이 읽고 물리를 좋아했던 키 작은 소년이다. 포물선 원리에 심취하고 포병장교로 임관하였다. 포탄으로 적진을 유린하고 기마병이 앞장서고 보병이 마무리하는 전술로 백전백승한다.

건너뛰기를 전략으로 삼았던 나폴레옹은 러시아와 영국을 제외한 유럽을 점령하며 황제가 되어 1804년 12월 2일 파리 노트르담 성당에서 대관식이 거행되었다. 대관식은 교황이 나폴레옹에게 왕관을 씌워주는 의식인데 자존심이 강한 그는 왕관을 직접 자기 손으로 머리에 얹었다.

나폴레옹이 조세핀에게 황후의 관을 씌워주고 배석한 교황 비오 7세가 오른손을 가볍게 들어 축복을 내리는 듯하다. 중앙에 불참한 황제의 어머니와 화가 자신을 그려 넣었다 한다. 사진이라면 연출될 수 없는 장면으로 큐레이터의 설명이 없었다면 평생 허상을 실상으로 알았을 것이다.

프랑스의 교육제도를 보기 위하여 몰리에르, 빅토르 위고 등을 배출한 LYCEE IOUIS LE GRAND고등학교를 방문하였다. 교문은 솔본느 대학의 후문과 마주보고 있는데, 아치형 문 위에 가로로 학교명을 새겼고 특별한 장식이 없어 마치 아파트 입구를 보는 듯하였다. 등록처를 지나 넓은 방이 나오는데 앞뒤 벽에 1 · 2차 세계대전에 본교 출신으로 참전유공자의 명단을 새겼고, 이름 있는 졸업생의 학습장을 전시하였다.

1562년 설립, 4층 건물로 1,2층은 교실이며 3,4층은 기숙사로 사용되고 있다. 건물의 배치는 □자 형으로 가운데에 직사각형 트랙에 학생들이 오래달기를 하고 있다. 정원은 잔디와 장미, 마로니에로 가꾸어져 있다. 4명의 대통령을 배출하였으며 전국에서 수재들이 모이는 명문학교로 그랑제꼴에 매년 10명 이상 합격하며 현재 1000여 명이 입시 준비를 하고 있다.

프랑스 교육제도는 프랑스 혁명과 나폴레옹의 통치시절 만들어진 공교육의 틀을 기초로 하고 있다. 학제는 초등학교부터 5·4·3·3의 체제로 3학기로 운영된다. 중학교 4학년에 인문과 실업으로 진로 분할이 되어 일반·실업계 고등학교로 진학하게 되며 국가고시인 졸업시험에 통과되어야 중학교 학위를 인정받는다.

고등학교 졸업반 마지막 학기에 졸업자격시험(바칼로레아)을 치르는데 철학 과목은 필수이다. 정답이 없는 문제에 대해 현직 교사들로 구성된 채점 위원들은 학생들이 얼마나 논리적 견해를 개진했는가를 기준으로 평가한다.

고등학교와 대학 사이에 2년 과정의 그랑제콜에 들어가기 위한 준비반인 프레빠(preparatoire)과정이 있다. 그랑제콜은 5% 이내의 영재가 모이는 대학으로 출신들은 프랑스의 모든 분야에 CEO로서 실제적으로 프랑스를 이끌고 있다.

고등학교는 주거지 위주로 배정되며 학교 내에서 우열반으로 철저히 구분되고 동아리 활동 및 방과후학교 운영이 활발하며 초등·중학교에서 유급제가 실시된다.

파리 노트르담 성당은 1163년 교황 알렉산데르 3세가 머릿돌을 놓고 182년에 걸쳐 완공된 중세 고딕양식의 대표성당이다.

안내자에 의하면 수십 톤의 하중을 분산시키는 문의 천정이 뾰족한 첨두아치공법을 적용하였는데 스트레스라인에 버팀도리를 설치하여 안정성을 유지하였고 늑재궁륭 마다 기둥을 받쳐 하중을 분산시켜 큰

창문을 낼 수 있어 화려한 스테인드글라스로 장식하여 신비로움을 더해 성당은 하느님이 머무는 성스런 공간이 되게 하였다. 천장의 높이는 144큐빗이며 천국의 크기와 맞게 건축되었다고 한다.

길어야 백 미터인 비행기는 만 미터 상공에서 길이의 89,910배를 12시간 날아 파리공항에 안착했다. 의자 뒤에 장착된 모니터에 항로를 따라 위치가 나타나는 것을 보고, 어떻게 캄캄한 밤에도 정확하게 목적지로 비행할 수 있을까! 궁금했는데 그 비법은 바로 관성항법장치란다. 이 장치에 자료를 입력하면 자동비행을 할 수 있는데 아주 복잡한 설계에 수많은 전자제품으로 정밀한 작업을 거쳐 제작되었을 것 같다.

프랑스의 교육제도를 들여다보면서,

교육매체와 교육심리의 발달로 학제를 초등학교부터 5·4·3·4로 하는 방안도 심중히 검토되었으면 한다.

사회와 연계된 직업교육을 강화하고 중학교 과정에서 적성과 능력에 맞는 진로선택교육이 되어야 할 것이다. 오늘날 국가의 경쟁력을 높이고 부를 축적하기 위하여 첨단과학기술개발에 사활을 건다. 평준화제도의 틀을 유지하면서 수월성 교육을 체계적으로 강화해야 할 것이다.

교육제도는 관성항법장치 제작 보다 더 전문성을 요한다. 해외연수를 통하여 우리의 교육제도를 反省(반성)해 보는 기회가 되었다.

색소폰 연주

사람은 공기가 없으면 살 수 없다. 생이란 공기 속의 산소로 양분을 산화시켜 발생되는 에너지로 활동한다. 산소의 량에 따라 인체는 잘 적응하는 기능이 있어 볼 수 없고 만질 수 없는 공기를 몰라도 살아가는 데 장애를 받지 않는다.

일상생활 속에 빠지면 소중한 것에 대하여 간과하기 쉽게 된다. 행복한 삶은 주변을 잘 살피는 것에서 시작된다 할 것이다. 이웃의 소중함을 알고 나눔을 실천하는 여행이야말로 다양한 인생 그림을 관람하게 되고 체험하는 기회가 될 수 있다.

2011년 여름(8월 14일~18일), 연해주 비단산으로 해외산행을 다녀왔다. 절반은 크루즈선상에서 보냈는데 강원도 동해항에서 블라디보스토크까지 19시간의 활동공간은 선실 갑판 식당이지만 처음 대하는 것이 많아 눈을 긴장시키고 심장은 '콩닥 콩닥'거렸다. 배는 3층으로 되어 2층 선실을 나와 난간에 기대 검은 바다를 내려다보니 밀려오는 파도가 선박 옆구리에서 반사되어 수만 개의 파편으로 태어난다.

고개를 들자 수평선이 보인다. 연신 카메라에서 '찰칵 찰칵'을 토해낸다. 사진을 확인하려 화면을 돌렸더니 수평선이 수평이 아니고 사선으로 처리된 화면이다. 아래 창틀에 카메라를 얹고 시도하였는데 앞쪽이 넓고 뒤쪽이 좁아 평평 수면이 아니다. 이게 무슨 상식을 깨는 상황이란 말인가! 이 사진을 통하여 수평선을 보지 않은 사람에게는 동해항과 블라디보스토크 사이의 바다와 하늘의 경계선은 비스듬한 선이라고 알지 않을까? 일행과 열띤 논쟁을 펼친 결과 운동하는 물체에서 촬영하기에 배의 진행 쪽이 넓어지고 뒤쪽이 좁아져 생기는 현상으로 결론을 내렸다.

여름 밤, 갑판에 올라 의자에 가부좌를 틀고 느낌을 찾으려 한없이 허공을 바라보았다. 아래위로 좌우로 둘러보아도 검은 바다, 별이 박힌 하늘뿐이더니 한참 지나 보이기 시작하였다. 난간에 기대어 보았던 곧은 선이 아니라 곡선이로다! 바다와 하늘이 만나는 모양이 관찰자의 한정된 시력으로 시각을 좁히면 직선이고, 넓히면 원형으로 보이는 것이지 바다와 하늘이 만드는 형상은 아닌 것이다. 이는 컴퍼스로 종이 위에 그리는 원의 중심이 있듯이 갑판위의 관찰자는 하늘과 바다로 만드는 원 속에 하나의 점으로 존재한다는 말인가.

시선을 배 뒷전으로 돌렸다. 달빛 아래 배는 연신 스크루의 회전으로 포말을 위로 올려 허연 길을 만들고 있었다. 점점 흔적이 넓어져 삼각형 무늬로 되었다. 배는 열심히 스크루에서 추진력을 얻어 거대한 바다를 반으로 나누고 있다. 사람에게는 열정이 있어 심장을 뛰게 하여 그 동력으로 개척을 하게 되는가 보다.

3층 안내소 맞은 벽에 3개의 시계가 걸려있다. 좌로부터 Japan(사카이미나토), Korea(동해항), Russia(블라디보스토크)로 구분되고 시각은 8:55, 8:55, 10:55이다. 동해항과 블라디보스토크는 2시간의 차이가 있고 사카이미나토와 동해항은 같은 시간이다.

동해항과 블라디보스토크는 30°의 경도차가 있지만, 대한민국 동해항과 일본 사카이미나토는 겹쳤단 말인가? 이해되지 않아 안내원에게 문의했더니 대한민국 시간은 일본 표준시를 기준으로 하여 두 나라는 동일한 시간대란다.

동해 선상에서 맞는 광복절, 아직도 일제식민 시절인 1912년 1월1일 정해진 동경 135°를 표준시로 사용한다니 광복 66년이 되도록 우리의 시간을 찾지 못했단 말인가? 무릇 역사란 시간에 史實(사실)을 기록하는 것으로 우리의 역사는 서울 시점으로 기록되어야 하지 않을까!

우울한 마음으로 갑판 위를 오가다 선장이 노래방으로 일행을 초청하였다. 동방 꿈나르미 선장의 얼굴은 햇빛을 받고 바다 물결에 반사되는 태양빛과 월광에 중복으로 그을리어 검고 어깨는 벌어졌으며 아담한 키의 50대 중반이다. 그는 수준급 색소폰 연주자임에 틀림없었다. 높은 진동수로 생산된 '돌아와요 부산항', '동숙의 노래'로 여행자의 마음을 충분히 황홀하게 하여 창틈으로 보이는 보름달 나라 토끼마저 귀를 쫑긋거리기를 주저하지 않는다.

선장은 마이크를 잡고 "나는 동해를 항해하면서 독도에 관심이 많아졌다"고 하면서 〈독도는 우리 땅〉을 연주하였다. 가사에 '대마도는 일본 땅, 독도는 우리 땅'부분이 있는데 선장은 '대마도는 일본 땅' 부분에서 '일본 땅'을 뛰어넘고 '독도는 우리 땅'을 강조하였다. 연주를 멈춘 부분을 맞추어보라고 하였다. 모두 '일본 땅'이라 하자 기다렸다는 듯 그는 '몰라도'는 어떠한가 하면서 '몰라도'를 넣어 합창을 유도하였다. 우리는 열창을 하였다.

나는 인생이란 무엇인가에 답을 얻으려 고심한다. 인생을 뭐라 할까? 대나무가 쪼개지듯 시원하게 표현할 수 있다면 좋으련만 겨우 인생은 시간위의 그림으로 하였다. 명품 인생은 많은 사람에게 감명을 주며 영원토록 기억될 것이다. 어떻게 좋은 소재를 얻고 맞는 색감으로 인생 그림을 그릴까.

여름 배위에서, 바다를 한없이 바라보면서 하늘과 바다의 중심에 내가 있고, 역사의 시간을 바르게 되돌려야 하는 과제를 발견하였다. 아직도 선장의 색소폰 연주는 달나라 토끼 귀를 닮은 나의 귓가에 맴돌고 있다.

여행을 가고 보니

"어, 저게 아닌데 이상하다, 아하 그렇구나." 이런 탄성은 여행 중에 종종 터져 나온다. 여행은 새로운 것을 보고 듣고, 만남에서 상식과 지식 사이를 넘나들게 하며 생각을 확산시키는 여정이다.

중국 항주, 뒷사람에 밀리고 앞 사람에 막혀 북새통을 이루는 화항공원이 있다. 남송 때 윤승이라는 사람은 화가산 아래에서 화원을 조성하여 화초를 재배하고 물을 끌어들여 호수를 만들어 오색어를 기르면서 감상하였는데 찾는 이 많아 공원이 되었다.

이곳을 찾은 강희제는 노니는 물고기를 보고 붓을 들어 花港觀魚(화항관어)로 쓰고 오석에 세로로 새겼다. 맨 아래 글자에 눈길이 모아진다. 魚(어)자는 灬(불 화)로 마무리 되어야 하는 데 가로로 점 세 개를 찍었다. 황제의 실수였단 말인가. 어색한 분위기를 기다렸다는 듯 안내자는 "물고기는 물속에서 살아야지 어찌 불 위에서 살게 하겠는가.

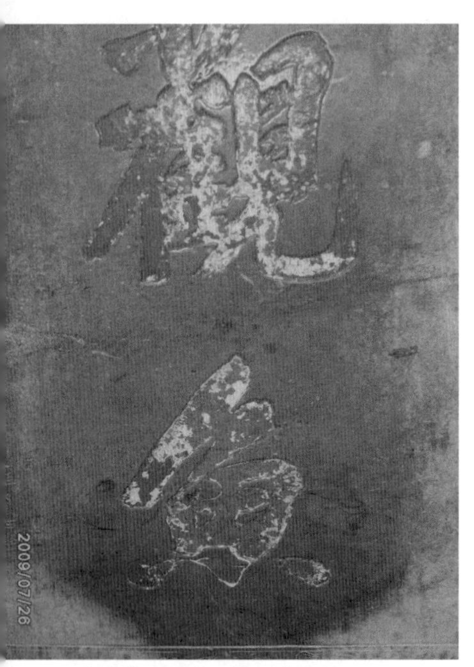

강희제는 노니는 물고기를 보고
花港觀魚로 쓴다.
그런데 魚자를 물수(⋯)으로 마무리 하였다.
물고기는 물속에서 살아야지
불 위 살게 할 수 없다는 뜻이란다.

그래서 ⋯(삼수변)을 썼다"는 것이다. 뜻글자의 묘미를 충분히 발휘한 것이다. 황제의 물고기까지 사랑하는 마음을 느끼려 얼마나 만졌는지 획이 뭉개졌다. 무심코 지나치던 여행자도 돌아와 만지고 간다.

중국 공부의 공묘 앞에 자공이 심었다는 해나무가 고사되어 밑동만 있다. 그 앞에 석비를 볼 수 있는데 子貢手植楷(자공수식해)로 새겼다. 植(식)자는 木(목)과 直(직)의 합성인데 '目(목)'을 日(일)로 하였다. 目(목)자는 5획으로 완성되는데 세 번째 획을 빼어 불완전한 글자가 되었다. 역시 해설자는 공자 제자 삼천 명이 스승의 장례를 성대하게 치렀는데 외직에 나가있던 자공이 빠져 그의 몫으로 一(일)자 만큼의 여백을 남겼다고 한다. 밀려드는 관람객은 그 부분을 만져보며 뜻을 새겨보느라 신중하다.

중국 제남시내에 대명호가 있다. 입구 패방에는 청대의 서예가 서전의 大明湖(대명호)라는 멋들어진 초서체의 편액이 높이 걸려있다. 그런데 明자는 '眀'으로 되었다. 당대의 유명한 서예가로서 오기했는가. 아니면 당시는 청나라 시대라 明자를 사용할 수 없었던 시대적 상황이란 말인가?

이를 알게 하는 예를 볼 수 있다.

『열하일기』에 연암 박지원은 한족인 혹정 왕민호와 필담을 나눈다.

이미 날이 저물어 방안이 침침하였으므로 촛불을 켜놓았다.

不須人間費膏燭　인간의 촛불이란 켤 것이 무엇 있나

雙懸日月照乾坤 해와 달 두 빛이 천지를 쌍으로 밝혀다오

혹정은 손을 흔들면서 먹으로 雙懸日月(쌍현일월)이란 네 글자를 지워버렸다. 일월을 쌍으로 쓰면 明자가 되어 만주족에 의해 붕괴된 명왕조를 떠올리기 때문이란다. 明자가 무슨 죄가 있다고.

중국 제남시내에 대명호가 있다.
그런데 明자는 '朙'으로 되었다.
당대의 유명한 서예가의 실수였나.

일본 규슈에 제명여제가 주쿠시의 행궁으로 옮겨 살았던 곳은 이제 흔적도 없이 사라져 觀世音寺(관세음사)란 절이 되었으며, 다자이후가 있던 都俯樓(도부루)란 자리는 폐허가 되어 주춧돌만 남아 있다. 일본의 시인 安西均(안서균)은 이 폐허를 바라보고 다음과 같이 노래하였다.

아득한 옛날 여기 이곳에 다자이후의 왕궁이 있었다.
몸은 흔들지 아니하고 잠들어 있다.
이끼 낀 초석위에는 옛날의 왕궁이 솟아 있다.
나그네여,

보이지 아니하는 붉은 나무기둥 뒤에 기대어 서서 잠시 쉬었다 가세요.

보이지 않는 기와를 적시는 정자의 비(雨) 그 비도 언젠가는 개겠지요.

환상의 朱雀大路(주작대로) 저편에서 희미한 물안개가 개어지면 땅에 괸 淡水(담수)를 밟으면 서 하늘의 牛車(우차)도 돌아오겠지요.

고요히 눈을 감고 가는 모래를 밟는 발자국 소리를 들으세요.

천 년의 매화향기를 옷깃 속에 꽂으세요.

잠시 멈추었던 여행을 다시 이어 가십시오.

금송기둥을 받쳤을 주춧돌은 당시의 번영을 알고나 있을까. 아, 물시계를 만들어 백제 복원을 위하여 촌음이라도 헛되이 보내지 않으려던 의자왕 여동생 제명여제의 꿈은 풍우에 씻긴 돌무더기로 되었구나.

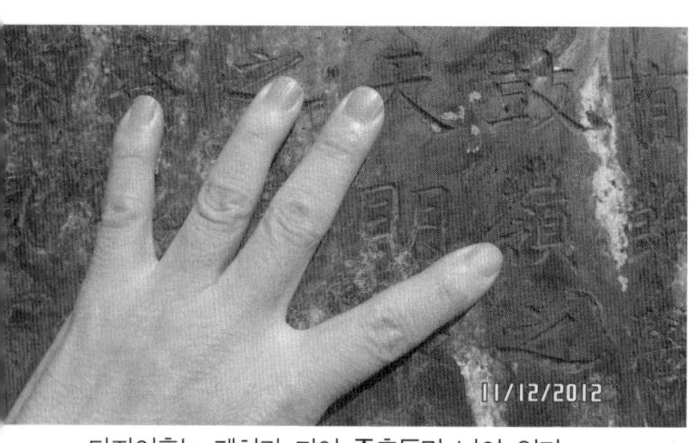

다자이후는 폐허가 되어 주춧돌만 남아 있다.
훗날 세운 기념비에 天明을 天眀으로 새겼다.

훗날 세운 기념비에 明治(명치)를 '眀治(명치)'로 天明(천명)을 '天眀(천명)'으로 새긴 것을 발견할 수 있었다. 공명선거를 公眀選擧(공명선거)로 쓰고 있다. 해와 달이 있어 밝기도 하지만 눈을 크게 뜨고 보는 것도 밝음에 해당된다는 뜻 이련가.

빛은 프리즘을 통해 볼 수 있다. 그렇다면 문자는 여행으로 스펙트럼 되는가!

하동녹차 우수성, 중국 항주에서 알았다

중국 항주에서 하동녹차가 우수하다는 말을 듣는 것은 감격이었다. 용정차에 버금간다는 평가에 하동사람으로서 무척 가슴이 뿌듯하였다.

우리 일행은 서호를 둘러보고 매가오촌에 도착하였다. 여행 안내자는 『삼국지』의 유비가 이 동네로 눈이 먼 어머니를 모시고 와서 용정차를 마시게 하여 눈을 뜨게 했다고 한다.

대문을 들어서자 연못 가운데 설치된 주전자 입에서 연신 물을 쏟아내는데 차를 따르는 듯하다. 바로 뒤쪽에 茶聖 陸羽(다성 육우)상이 있는데 오른손은 무릎에 얹고 왼손바닥은 하늘로 향하고 찻잔을 받히고 있다. 방문객 중에 찻잔을 집어 기울이는 데 바닥에 동전이 몇 닢 보인다.

시음장으로 안내되었다. 먼저 시선을 당기는 것은 벽에 百茶萬里香(백다만리향)이라는 액자이다. 茶(다)자를 다른 서체로 한 줄에 10자에서 작게는 7자씩 202자가 표기되어 있다.

다성 육우 상이다. 왼손 바닥은 하늘로 향하고 찻잔을 받치고 있다.

조선족 3세로 전주 이씨라는 설명자는 우선 찻잎을 유리컵에 넣고 뜨거운 주전자의 물을 1/3가량 따른다. 우려내기위해서다. 다시 세 번에 걸쳐 따르는데 신속 정확하다. 주전자를 가볍게 숙이고 드는 것이 봉황새가 절을 하는 듯하다. 맛은 구수하고 약간 떫고 입안이 상쾌하며 머리가 맑아지는 듯하다.

용정차의 1등급인 명전은 청명 이전에 채취한 아주 여린 잎, 2등급 우전은 곡우 이전에 딴 것이며, 3등급인 두춘차는 곡우 후 5일까지 채취된 찻잎을 말한다. 우리나라에서 우전이 가장 좋은 차로 알고 있는데 항주에서는 우전에 앞서는 명전이 있다.

설명자는 한국에는 "하동 녹차가 유명하다는 것을 알고 있다"고 하자 일행 중 하동 금성면장 김종보 씨는 "하동 녹차에 대하여 이 기회에 말씀드리겠다."고 하면서 차시배지는 지리산 쌍계사로 역사는 1200여 년이며, 우전은 곡우 이전의 작설을 말하고 최고급품으로 친다고 한다. 기타 녹차에 대하여 상세하게 설명한다. 하동녹차연구소에서 녹차 개발을 위하여 활발히 연구를 진행 중이다고 하여 열렬한 박수를 받았다.

설명자의 손놀림이 현란하다. 원형 통에 녹차를 한 주먹 넣고 통을 탁자 위에 받쳐 들고 통 주둥이를 손으로 치면서 통 바닥을 탁자에 때린다. 반통으로 줄어든다. 다시 한줌의 차를 좌우로 흔들어 세우고 손바닥으로 밀어 넣는다.

이는 관성원리를 이용하는 것이라 할 수 있다. 통 주둥이를 치면 차는 손바닥 쪽으로 쏠리고 통은 아래로 내려가므로 간격이 생기게 되며, 다시 통이 탁자에 닿아 정지되면서 차는 바닥에서 세워지고 그 사이로 차를 밀어 넣는다. 이 같은 설명자의 이유 있는 손놀림에 매료되어 차는 곧 매진되었다.

용정차의 명성은 오랜 세월에 걸쳐 부단한 노력과 연구에 의하여 얻어진 것임을 알 수 있었다. 주전자에서 흘러나오는 물로 차를 마시고 싶은 분위기를 조성하고, 육우상을 통한 차에 대한 고귀한 마음을 유발시키고, 또, 茶(다)자의 다양한 서체로 볼거리 제공하며, 차의 포장 기술 개발 등에서 그 열정을 볼 수 있었다.

하동 녹차는 관계자들의 홍보로 항주까지 그 명성이 알려져 흐뭇하였다. 나아가 용정차 시음장에서 하동 녹차를 음미할 수 있는 적극적인 마케팅 전략이 필요하다고 본다.

몽골 체체봉

비행기는 바람을 가르며 북서쪽으로 날아간다. 몽골을 목표로 해외 산행길이다. 앞좌석에 얼굴이 둥글고 체구가 작은 여인이 강보에 싸인 아기에게 젖을 물리고 있다. 가끔 의자 너머로 눈길이 간다. 비행기가 활주로를 접어들고 점점 가속되다가 '덜컹' 이륙 소리를 내며 하늘로 날아오른다.

9만 미터 상공을 시속 2천리로 날아 200분 걸려 비 내리는 칭기즈칸국제공항에 안착했다. 아기를 깨워 업는 여인의 짐을 내리며 끌고 가겠다고 하자 고개를 숙여 허락한다. 아기의 고운 얼굴을 가까이 하며 가꿍하자 환하게 웃는다. 아기 엄마에게 몇 개월이냐 하자 손가락 네 개를 펴며 웃는다.

"칭기즈칸 후예 혹은 단군 후손?"

"칭기즈칸"

체체궁산 등산이다. 평원을 한참 달리던 버스는 철망의 울타리 대문을 조금 지나 정차한다. 화장실에 다녀오란다. 주변을 둘러보고 울타리 옆에서 소변을 보는데 오줌발이 굽어져 멀리 가지 못한다. 몸을 서서히 틀자 제대로 뻗어나가다 바람을 등지니 오줌발이 멀리 나간다.

정상에 바람이 세게 분다. 시루떡 같은 바위가 빙 둘러 싸고 여기저기 장대를 세우고 파란, 노란, 빨강, 흰색의 천을 달았는데 바람에 펄럭인다. 마치 시골 초등학교 가을 운동회에 만국기처럼, 공터 가운데 제단을 쌓고 수호신상을 모셨다. 편편한 바위 면에 문자를 새겼는데 읽을 수 없지만 느낌이 온다.

게르는 절제된 공간을 갖춘 집이다. 하늘을 볼 수 있고 바람의 저항을 적게 받으며 입출입이 용이하다. 공기가 청정하니 매일 머리를 감을 필요가 없고 땀은 바람에 건조되니 최소한의 물이 필요하며 소나 말똥으로 난방이 되니 유목민의 생활에 적합하다. 4명이 배정되었는데 모두 초원의 왕이 된 듯하고 별과 달을 보며 밤새워 이야기 하였다.

엉크츠산 트레킹이다. 능선을 따라 전나무 사이 길을 걷는다. 모두 야생화를 보며 아름다움에 감탄하고 카메라를 들이 댄다. 산비탈이 온통 노란색이다. 야생화에게 왜 아름답게 보이는가 묻는다면 밤낮의 기온차가 극히 심하고 꽃을 피울 시간이 짧아 일각을 아끼며 필사적으로 꽃을 피울 뿐이라고 대답하지 않을까.

왜 노란색이냐 묻는다면 곤충의 눈에 노란색이 강한 자극을 준다고 할 것이다. 파란 잎 보다 떨어지기 직전 단풍색이 유난히 눈에 들어

온다고 한다. 이를 처연하다고 해야 하지 않을까. 나이를 먹을수록 회색의 정장이 어울리듯,

몽골인의 생활은 말에서 시작하여 마상에서 마무리된다고 한다. 말이 바람을 가르며 초원을 달리는 모습을 여기저기에서 볼 수 있다. 아이들은 장난감을 대하듯 하고 안장 없는 말을 타고 달리고 있다.

蒙古(몽고)라는 국명에 현지 가이드는 한족 우월 내자는 주변국을 폄하하는 정책에서 '옛 것을 덮는다'는 이름이라고 한다. 기원전 3-1세기 사이에 몽골 지방에서 활약한 유목 민족을 흉노라고 부른 것도 이해가 되지 않는다고 한다.

칭기즈칸 기마상, 왼쪽 허리에 반달형 칼을 매고 왼손은 주먹을 쥐어 무릎에 얹고 오른손 바닥에 지휘봉 머리를 대고 끝을 안장에 붙였다. 말은 네발을 바닥에 대어 천천히 나아가는 형상인데 안정감과 위엄이 넘친다. 말과 사람의 시선은 당연 칸의 고향이다.

칭기즈칸은 후계자 선정에 고심한다. 장남 주치는 영웅답고 재주가 뛰어나다. 그러나 포로가 되었다가 돌아온 왕비의 소생이라 씨를 준 아버지가 누군가 하는 정통성에 휩싸이게 된다. 둘째 차카타이는 성격이 급하고 형을 무시하였다.

칭기즈칸은 가족과 부족장을 모아 놓고 후계자를 논하며 "나의 큰 아들은 주치이다. 너희는 어떻게 생각하는가?"

곧바로 둘째가 불복을 하고 형과 싸우게 된다. 주변에서 말리고 화해를 시키는 데 멀찍이 지켜보는 칭기즈칸은 주치는 마음속의 상처가 너무 크고 말할 수 없는 아픔이 있다. 둘째는 두뇌가 단순하고 사지

가 발달하여 장군은 될 수 있어도 군주가 될 수 없다고 보았다. 자연스럽게 말없이 잘 따르는 셋째가 후계자로 되었고 그가 쿠빌라이이다.

언덕 위에 자이승 승전기념탑이 있다. 1939년 몽골과 소련의 연합으로 일본관동군을 몰아내고 제2차 세계대전 승전을 기념하기 위하여 1971년 이곳에 세웠다. 원형의 벽에 그림으로 나타내고 있다. 최초의 우주인은 몽골인이다. 고지대에 적응된 강찬 신체 조건으로 소련 우주선에 탑승할 수 있었다고 한다. 일장기를 짓밟고 있는 장면도 보이고 현지 가이드는 레닌을 선생이라고 한다.

몽골 어린이 엉덩이에 몽고반점이 있느냐 했더니 가이드는 몰랐느냐는 듯이 "있지요. 있고말고요." 한국인에게도 반점이 있다는 것을 안다고 한다.

계단을 내려오자 이태준 선생 기념 공원이다. 선생은 1883년 11월 21일 함안군 군북면에서 태어나 1911년 세브란스 의학교를 졸업하였다. 김필순, 주현칙 등과 함께 도산 안창호 선생이 만든 청년학우회에 가입한다. 1914년 김규식 선생과 함께 비밀군관학교를 설립할 목적으로 울란바토르로 이동하여 동의의국이라는 병원을 개설하고 독립운동의 연락거점으로 활용하였으며. 상하이 임시정부에 독립자금을 운반하고 의열단 활동을 하였다.

이태준은 성병 퇴치에 앞장서 몽골 사람들은 그를 신인 혹은 여래불을 대하는 듯하였고, 몽골 마지막 왕인 복드 칸의 어의가 되었다. 1921년 일본군과 내통하고 있던 러시아 백군에 의해 38세의 아까운 나이에 피살당했다.

국립악단의 몽골 전통음악을 감상하였다. 높은 음을 내는 악기가 많다. 소리가 멀리까지 전달되기 위하여 진동수가 높아야 할 것이다. 화려한 민속 의상을 입고 공중으로 날아오르고 빠른 율동, 목소리 역시 고음이다. 귀중한 소장품이 될 것 같아 출구에서 'Best mongolian music heritages'라는 CD를 구입했다.

비행기에서 만나 가방을 끌어주고 아기와 눈 맞춤하던 장면이 떠오른다. 왜 친밀감을 느낄 수 있었을까. 그 눈동자로 '아저씨와 나는 같은 몽고반점을 가졌지 않느냐'는 메시지를 보낸 것이 아닐까.

바람은 그냥 지나가지 않는다. 골짜기로 소식을 전하며 말을 달리게 귓속을 간지럽게 한다. 산과 들에 꽃을 피게 하고 겨울이 온다는 것을 알려 얼른 꽃을 피우고 열매를 맺으라고 속삭인다. 바람은 어디에서 생기고 어디로 갔다가 나타나는 것일까.

울릉도 스케치

배는 동으로 나아간다. 두 줄기 물살을 뒤로, 쿵쿵거리는 가슴을 앞으로 하여 수평선으로 직진하다. 마치 송곳이 풍선을 뚫으려는 듯 거침없이 나아간다. 선장은 차분한 목소리로 밀폐형 920톤급 선플라워호는 아무리 거센 파도에도 상하 15도 이내에 40노트로 편안하게 모시겠다고 한다.

처음 찾는 이 섬에 대한 지식은 '울렁울렁 울렁대는 가슴안고 연락선을 타고가면 울릉도라 뱃머리도 신이 나서 트위스트 아름다운 울릉도'라는 유행가 가사가 전부이다. 참으로 나뭇잎이 물결에 일렁이듯 파도에 따라 배가 올랐다가 가라앉으면 속이 울렁거리고, 시원하게 물살을 헤치고 나갈 동력이 되지 않아 좌우로 흔들리는 소형 연락선을 잘 나타내고 있다. 가사는 시대에 따라 변하듯 '울릉도 트위스트' 라는 구절은 물속에 가라 앉혀야 겠다. 멀미약이 필요 없고 울렁도에

성인봉이다. 앞면에 해발 986미터.
뒷면에는 984미터로 되었다. 차이는 어디에 근거할까.

서 울릉도가 되었다.

도동항에 접안한다. 島洞(도동)이라면 섬마을이 아닌가! 여기가 '해당화 피고 지는 섬마을 선생'의 시원이 되는 그 곳인가?

숙소로 이동하는데 넓은 길을 두고 좁은 비탈길을 오른다. 경찰서, 군청을 지나고 포구나무가 반기는 호텔에 여장을 풀었다. 육지의 여인숙 정도를 호텔로 불리고 있다나.

순간을 아껴 눈에 넣어가려는 조바심에 동트는 새벽에 일어나 울릉초등학교를 찾았다. '개교 100주년 기념비'가 당당하다. 1908년에 개교를 하였다. 아침 운동 나온 이용기 씨에게 처음부터 학교가 이곳에 위치했는가 물었더니 근처 입도에 있다가 학생이 늘어나자 옮겼다고 한다. 남해 미조 사람으로 우산중학교에서 교사로 근무하였으며 "우리는 홍순칠을 잊어서는 안된다"고 시간을 쪼개듯 간추려 말씀하신다.

홍순칠은 의용수비대를 결성하여 물개를 잡던 일본 어부를 몰아내고 독도를 지킨 사람이다. 그의 아버지는 울릉중 음악교사로 근무하였고, 할아버지는 1차 세계대전 당시 러시아 함대가 울릉도 앞바다에서 파선되자 구조하였는데 함장이 찻잔 등을 답례하여 지금도 보관되고 있단다.

성인봉을 오른다. 중턱까지 차량으로 이동하고 본격적으로 산행이 시작된다. 이미 일행의 뒷모습은 시야에서 사라졌고 지나간 수많은 발자국으로 다져진 능선 길을 땅을 내려다보고 한발 한발 옮긴다. 조금이라도 걸음을 가볍게 하려 손으로 나뭇가지를 잡아당긴다. 소리에 고개를 들자 팔각 정자에 하산하는 일행이 손을 내밀고 힘내라는 듯 사탕을 건넨다.

파란 치마의 주름살 닮은 계곡이 많다. 구름다리를 건너고 섬잣나무, 왕고로쇠, 섬피나무, 섬조릿대, 섬단풍 그늘 아래 고사리가 무성하다. 나무 계단을 오르고 올라 고개 한번 들고 주저앉으려 하는데 사슴뿔 같은 입석이 나타난다. 聖人峯(성인봉)이라 새겼다. 앞면에 해발 986m.뒷면에는 海拔(해발) 984m로 되었다. 2m의 차이는 어디에 근거할까.

나리분지로 가파른 나무계단 따라 주춤주춤 걸음을 옮기는데 성인수 샘터가 나온다. 차가운 물을 세 바가지를 마시자 힘이 솟는다. 소중한 사람에게 전하고자 물병을 채웠다. 줄기만큼이나 엉킨 뿌리 사이로 몸을 가로 세로로 돌려 빠져나가자 속이 검게 탄 고목 주변을 나무 말뚝으로 둘렀고 추억 담기에 바쁘다.

저동을 지나 '봉래폭포'에 도착하였다. 鳳(봉)은 성인이 나타남을 알리는 길조로 알려 졌다. 시력을 반지름으로 하는 수평선으로 포위된 정상에서 聖人(성인)이라는 단어가 어색하였는데 마침 '봉래'라는 단어가 해소해 주는 듯하였다. 그런데 봉래를 蓬萊(봉래)로 쑥과 명아주과 한해살이풀로 해석된다. 봉이 온다는 鳳來(봉래)로 하였다면 의미가 부합되는데….

길이 30미터, 수량은 1일 3,000톤 이상으로 울릉도 남부 일대의 중요한 상수원이다. 이 정도라면 천둥소리와 함께 폭포 아래 깊은 못이 있고 세차게 흘러내리는 장관이 기대되는데 떨어지는 물줄기는 천 길의 비단결이건만 그 이상은 보여 주지 않는구나.

마지막 밤 룸메이트의 평가가 있었다.

"울릉도의 울자를 漢字(한자)로 쓸 수 있는가?"

이동 버스 몸체에 신비의 섬 울릉도라는 문구에 '울'자를 몇 번이나 보았는데 워낙 복잡해 과제로 작정하고 있었는데…. 그리듯 하여 제출했더니, 아니라고 한다.

준비해온 자판을 펼치며, 鬱(울)은 29획으로 林(림), 缶(악), 凵(감), 숟가락 匕(비), 덮을 冖(멱), 米(미), 彡(삼)로 되어 밀봉한다는 뜻이란다.

"울릉도의 지형이 글자와 맞는가?"

"글자가 먼저고 인용은 이후라 우문이다"

"입 벌린 그릇에 쌀을 붓고 숟가락으로 저어 덮어두면 무엇이 되느냐?"쇄기를 박듯이 재차 물어 오는데 우물쭈물하자,

"쌀을 발효시키는 것인데 술이다. 어찌 한 잔하지 않을 수 있겠는가. 나가자."

도동의 밤바다는 점차 어둠이 내려앉고 있었다.

장강 따라 3500리

중경에서 배로 700km 내려가 고속전동차로 5시간 걸려 돌아오는 장강 크루즈여행!

침대와 응접실, 샤워 실을 겸비한 선실은 안온하였다. 좌우로 협곡 그리고 장강(양쯔강)의 누런 물이 전부이다. 연암의 『열하일기』에 강과 하를 구분하는 기준을 江은 급하게 흘러 맑고 河는 천천히 흐르고 황토물이라고 했다. 장강은 강이건만 갈수록 유속이 작고 황토를 실어 누렇다.

댐 조성으로 수몰될 문화재를 곳곳에 인근 높은 지대로 옮겨 복원하였는데 풍도귀성을 찾았다. 도교 사원 앞 대리석비에 維善呈和(유선정화)를 압축하여 부적처럼 보이는데 '오로지 선으로 화목을 준다.'는 뜻이란다. 매일 스님들이 먹을 만큼의 쌀이 나오는 구멍을 넓히자 멈추었다는 탐욕의 구멍을 보았다.

풍도귀성이다. 維善呈和를 모아 부적처럼 보이는데 '오로지 선으로 화목을 준다'는 뜻이다.

정상에 옥황상제를 모신 사원이 있다. 천상에서 가장 높은 인물이건만 그의 귀는 균형 맞지 않는 짝귀라고 한다. 가이드가 일행을 천천히 둘러보더니 부인이 곁눈질하는 남편의 귀를 잡아당겨 그렇게 되었다 한다.

7공주를 두었는데 '선녀와 나무꾼'의 막내 공주만이 시선을 아래로 하고 있다. 인연을 못 잊는 거야 하늘나라에서도 마찬가지이련가. 뒤편에 매서운 눈초리의 여인이 옥황상제의 부인이다.

아우의 원수를 갚고자 성급한 결정으로 참패를 당한 유비는 백제성에 이르러 제갈량에게 아두를 맡기며 "아들이 무능하면 황제가 되어 대업을 이루어 달라"하고 숨을 거둔다. 관우보다 5살이 작지만 황숙

삼협댐 강바닥에 삼각뿔 조형물을 5만개 가라앉히고 둑이 무너지지 않게 13만개의 원기둥을 박았다.

이라 맏형이 되고 관우·장비를 거두었던 유비는 의리를 지나치게 강조하여 멀리 내다보지 못하게 된 것이 아닌지.

장강은 유유하다. 장강삼협전경도를 구입했는데 펼치자 12페이지이며 380cm 보다 더 길다. 삼협댐은 낙차 170미터 물로써 발전기를 돌려 22,400천KW에 이른다. 광장 분수대에 시멘트로 아귀가 잘 맞는 삼각뿔 조형물을 세웠는데 강바닥에 5만개를 가라앉혔고 둑이 무너지지 않게 13만개의 원기둥을 박았다 한다.

『삼국지』의 이야기만큼이나 길고 긴 강에 넋을 놓고 보노라니 배와 강물은 하류로 내려가야 하거늘 강물은 올라가고 있다.

"강물이 배와 반대 방향으로 가고 있는데 장강에서만 있을 수 있다"

라고 대단한 발견을 이야기하자 똑 소리 나는 팀장이 이르기를 “상대 속도에 대하여 더 공부를 하고 수업에 임하라”

비 오는 날 달리는 버스에 앉아 차창을 보노라면 바로 떨어지는 빗방울이 뒤로 궤적을 그리는 것을 볼 수 있듯이 내려가는 배에서 강물을 보니 올라가는 것으로 보이게 되는 것이란다.

뱃길 3일 거리를 5시간으로 질주하는 전차 속에서, 장강 이남에서는 귤이고 이북에서 탱자가 된다는 말을 체감할 수 있었다. 역에서 구입한 과일을 나누어 먹는데 과육은 귤이고 탱자 씨를 뱉으며 장강은 넓고도 길며 스토리텔링의 소재가 많아 중국 사람들의 영원한 고향의 강임을 알 수 있었다.

달빛이 장강에만 비추는가. 우리의 한강에도 달빛이 머문다. 어디에서나 달은 그 달이려니 중국 역사가 길 듯이 우리 역사도 그에 못지않을 것이다.

『천년의 금서』(김진명 작)에서 공자가 침이 마르도록 칭송했던 시경의 한혁편에 ‘韓侯(한후)가 수도에 들자 선왕은 경계를 논하였으며 조카를 시켜 밤 시중을 들게 하였다’로 기록되어 있다. 한혁편은 주나라 선왕 때의 일을 쓴 것이며 선왕은 기원전 827년부터 782년까지 재위했다. 한후는 이 시기에 주나라를 방문하였고 춘추전국의 한나라 보다 400년에서 600년 전에 존재하였다.

장강을 오르내리면서 중국의 역사와 거대한 풍물에 고개가 절로 끄덕이지만 중국의 여러 역사서에서 한후는 기원전 9세기 무렵의 기록에 나온다. 따라서 고조선 이전의 우리나라 이름은 韓(한)이라는 것을 인정하고 있다는 사실에 근거하여 우리 역사 시작의 재조명이 필요하다.

장강크루즈는 매력 있는 여행이다. 중경의 대한민국임시정부청사 방문, 장강을 따라 주변 관광지를 보며 3일을 내려가 5시간에 걸쳐 돌아오는 여정은 곳곳에 의미 있는 것을 보고 많은 생각을 하게 되었다. 高速電洞車(고속전동차)의 洞(동)은 동굴을 뜻하는데 질주하기 위하여 직선화가 필수이라 굽은 길을 펴고 수평화 되도록 터널을 뚫었다. 전기를 동력으로 하여 고속으로 터널을 지나는 전차라고 실용성에 바탕을 둔 이름이다.

실로 옛것을 오늘에 되살리고, 우리에게도 중국에 뒤지지 않는 오랜 역사를 가졌음을 알게 하는 계기가 되었다.

수필문학사 수필선집 · 424

물길 따라 산길 따라

2017년 9월 10일 초판 인쇄
2017년 9월 15일 초판 발행

지은이 / 안명영
발행인 / 강석호

발행처 / 도서출판 교음사
편 집 / 隨筆文學社 出版部

03147 서울 종로구 삼일대로 457 수운회관 1308호
Tel (02) 737-7081, 739-7879(Fax)
e-mail : gyoeum@daum.net
등록 / 제300-2007-52호

* 잘못된 책은 바꿔 드립니다. 값 12,000원

ISBN 978-89-7814-712-5 03810

이 도서의 국립중앙도서관 출판예정도서목록(CIP)은 서지정보유통지원시스템 홈페이지(http://seoji.nl.go.kr)와 국가자료공동목록시스템(http://www.nl.go.kr/kolisnet)에서 이용하실 수 있습니다. (CIP제어번호 : CIP2017023318)

후원

문화체육관광부